KB268779

아이의 인생을 바꾸는 1%의 비밀

초등학생·중학생 자녀를 둔 엄마의
아이 교육 스킬 59 가지

아이의 인생을 바꾸는 1%의 비밀

초등학생·중학생 자녀를 둔 엄마의
아이교육 스킬 59가지

김해영 지음

어문학사

류태호 고려대학교 사범대 교수 & 전 고려대 교육대학원 부원장

'사람은 없고, 성적만 있다.'

'경쟁 사회에서 이겨야 한다.'

우리 사회는 딜레마를 안고 있다. 인성 교육과 생존 교육을 동시에 해야 한다. 하지만 많은 사람은 살아가기도 버겁다. 경제적으로 심리적으로 위축돼 있다.

이런 상황에서 상당수 학부모는 아이의 공부에 온힘을 쏟는다. 일단 경쟁에서 이겨야 하는 냉혹한 현실 때문이다.

한 치 앞만 보면 최고이자 최선의 선택이다. 그러나 초·중·고를 졸업하면 대학 그리고 사회로 진출한다. 긴 승부에서는 인성이 바탕이 된, 즉 '된 사람'이 성공할 가능성이 높다.

사회는 이렇게 사람을 키워야 안정되고 발전한다. 모두가 성적 기계만 된다면 학교가 필요없다. 사설 학원만 있으면 된다.

그러나 현실은 현실. 인성 교육과 생존 교육을 모두 성공시키는 절묘함은 없을까. 나는 이 점을 항상 고민했다. 그 답의 힌트를 이 책에서 찾았다.

저자는 내 친구의 부인이다. 그녀의 삶, 그녀의 자녀 교육법을 보면서 '아하!'를 몇 번이나 외쳤다. 평범하면서도 특별한 교육으로 인성과 성적을 동시에 잡는 아이로 키우는 것을 보고 있다.

평범하다는 것은 그녀가 경제력, 자녀 관심, 사회관 등 많은 부분에서 보통 엄마와 다를 바 없다는 점이다. 특별하다는 것은 저자의 자녀 양육에는 많은 교육 이론이 녹아 있다는 점이다. 학자들의 주장을 자신부터, 자신의 가정에서부터 실천한 것이다. 아이들은 먼 곳의 사례가 아닌 주변의 이야기를 통해 현실감 높게 받아들였다.

올해 고등학교에 진학하고 중학교 2학년이 되는 그녀의 자녀들은 성적이 최우수 그룹에 속한다. 교우관계도 무난한 편이며 예의도 안다. 무엇보다 밝은 얼굴로 웃을 줄 아는 청소년으로 자라고 있다.

이 힘은 사랑의 홍보, 혼을 내는 기술, 영재로 키우는 심리, 가훈을 통한 동기부여, 자신감 고양, 자긍심 고취, 독특한 암시, 초두효과 등 다양한 교육기법에 있다.

인성과 성적. 둘 중의 하나가 아닌 둘 다를 얻을 수 있는 평범하면서도 특별한 교육 실천 사례를 이 책에서 얻을 수 있을 것이다.

강은미 한국드림사관학교 & 글로벌부모교육센터 대표이사

"아이에게 가장 해주고 싶은 교육이 무엇인가요?"

나는 부모 교육 때 엄마들에게 종종 묻는다. 엄마들의 공통적인 대답은 사랑, 긍정, 배려다. 또 공부도 많다.

하지만 엄마들은 전달과 표현에 익숙하지 않다. 일부는 아예 방법조차 모른다. 그래서 무한정의 단순한 사랑을 주고, 현실과 맞지 않는 긍정을 이야기 하고, 교과서적인 배려를 설명한다. 여기에 밤늦게까지 공부하도록 요구한다. 그리고 할 것을 다했다는 만족감에 빠지는 게 보통 엄마의 모습이 아닐까.

중요한 것은 사랑, 긍정, 배려도 방법이 있다는 점이다. 엄마의 마음과 행동을 아이가 이해하고 받아들여야 한다.

이런 면에서 저자에게는 특별한 힘이 있다.

저자는 여느 엄마와는 다르게 엄마의 사랑을 아이에게 적극적으로 홍보했다.

또 아이가 필요한 게 있으면 지금 당장 마련했고, 교육의 투사가 되기를 주저하지 않았다. 그리고 이것을 아이가 분명히 알도록 했다.

그래서 아이가 부모의 은혜와 사랑을 최우선시 할 수 있도록 했다.

긍정의 방법도 독특하다. 아이의 입장을 먼저 인정했다. 학교의 급식 반찬을 먹지 않는 아이에게 혼내고 먹을 것을 강요하는 대신 반찬을 싸 주었다. 학교에서 갑자기 집으로 돌아왔을 때에는 간접화법으로 물어 아이의 분노를 먼저 인정해줬다. 그 후에 대처법을 생각했다. 이것은 엄마와 아이의 대화를 가능케 했다.

공부와 학원 선택도 일방통행이 아닌 아이의 동의를 구한 뒤 실행했다. 그 결과 자발적인 공부가 가능했다. 또 초등학생 아이에게 꾸준한 질문을 해 상상력을 자극했다.

그리고 제일 중요한 시험인 중학교 1학년 중간고사 때 전력투구하게 했고, 초등학생 때에는 아이에게 맞는 암시문구를 만들어줘 꿈이 있고 자신감 넘치는 아이로 키웠다.

나는 이 같은 당연하면서도 생각지도 못했던 저자의 자녀교육법을 부모 교육 강의 때 널리 알린다. 많은 엄마들이 아이를 진정으로 위하는 교육이 무엇인가를 다시금 생각하게 할 수 있기 때문이다.

이 책을 통해 내 아이만의 '10년 교육'을 계획하고 실천해 보기를 바란다.

엄마는 혼을 낼 줄 알아야 한다.

내 친척인 한 엄마의 이야기다. 그분은 아이들에게 헌신적이다. 경제적으로 넉넉하진 못하지만 생활비를 쪼개 학원비를 마련한다. 아이들은 착하다. 하지만 공부에 전력을 다하지는 않는다. 고등학생인 아들과 딸은 엄마의 이야기를 잔소리로 생각한다. 엄마는 여러 차례 훈계를 하다가 제풀에 지치고 만다. 때론 화가 나, 아이들에게 인상을 쓰지만 약효가 거의 없다.

참다 못한 엄마가 "내가 못살아!"라고 분노를 표현하지만, 아이들은 큰 문제가 없음을 십여 년간 경험했다. 그 순간만 지나가면 다정다감한 엄마로 돌아오기에 긴장감을 느끼지 않는다.

시간은 이렇게 흘러가고 있다. 엄마의 교육 효과는 크게 나타나지 않았다. 좋은 엄마로는 기억되지만 학습 성적으로 성과를 낸 엄마는 아니다.

이는 대부분 엄마의 모습이기도 하다.

그런데 좋은 엄마는 누구일까.

나는 목표가 분명한 엄마라고 생각한다. 공부 잘하는 아이, 창의성 있는 아이, 사교성 좋은 아이, 리더십 있는 아이 등 자녀의 특성에 맞는 목표를 세우고, 이를 실현할 수 있도록 잘 안내하는 엄마다. 이런 의미에서 내 친척 분은 자식을 착한 아이로 키우는 데는 성공했지만, 공부 잘하는 아이로 안내하는 데는 실패한 것이다.

나는 공부를 잘하면서도 사교성이 떨어지지 않는 아이로 키우고 싶다. 이를 위해 아이에게 목표를 설정하게 하고, 할 수 있다는 증거를 보여주었다. 아이의 지능지수와 집안 선조들의 이야기로 설명했다. 이는 아이에게 자긍심으로 이어졌다.

또한 사회성 함양을 위해 웃음과 배려를 알게 했다.

내가 시도하는 것들은 내 친척 엄마를 비롯한 세상 대부분 엄마의 이야기이기도 하다.

하지만 조금 다르다.

다른 엄마들은 아이들이 마뜩치 않을 때 화를 냈다. 이에 비해 나는 화를 내기도 했지만 혼을 낸 경우가 더 많다.

화를 내는 것은 분노를 배출하는 것이다. 이는 냉철한 이성이 아닌 감정의 폭발이다. 아이들도 이성적으로 받아들이지 않고 감정적으로 느끼게 된다.

그러나 혼을 내는 것은 분노의 표출이되 이성, 즉 논리적 작용이 왕성하다. 감정이 배제된다. 그래서 아이는 받아들이게 된다.

그래서인지 아이들은 엄마를 호락호락 보지 않는다.

나는 혼을 낼 수 있었기에 평범하되 쉽지 않은 엄마로 남을 수 있었던 것이다.

아이들은 내가 원하는 대로 노력했다. 유치원부터 초·중학교까지 10여 년을 노력하는 아이, 성실한 아이로 자라왔다.

물론 내가 체념하는 순간도 있었고, 고개를 흔든 기억도 있다. 그러나 큰 흐름은 51% 이상의 엄마와 같은 생각이되, 51% 이상의 엄마가 실천하지 못하는 것을 나는 꾸준히 해왔다.

세상의 많은 엄마처럼 아이를 위해 학교를 찾아가기도 했고, 선생님에게 어떤 선물을 할까 고민했다. 아이들이 싸울 때에는 냉정하지 못하게 둘째의 편을 들었다. 아이들에게 입으로는 좋아하는 것을 해야 한다고 말하면서도, 행동은 학교 성적에 연연하는 모습을 보였다. 또 아이의 시험이 눈앞에 닥쳤을 때에는 시골에 가는 것을 주저했다. 이는 다른 어머니들의 모습이기도 하다.

이제 한 달만 지나면 큰아이는 고등학교에 진학하고, 작은 아이는 중학교 2학년이 된다. 여전히 현재진행형이지만 지금까지 그랬던 것처럼 앞으로도 학습 성적이 좋을 것이라고 믿는다. 왜 아이들이 책을 보는 게 습관이 되고 있으니까.

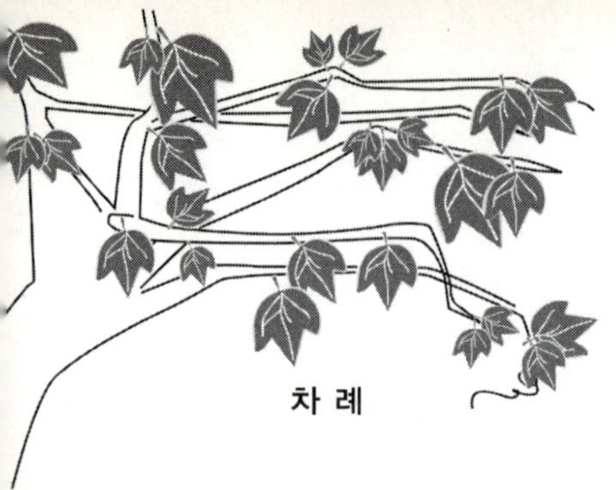

차 례

chapter 1
엄마는 최고의 코치다

chapter 2
엄마의 배려는 체념이다

chapter 3
엄마는 아이의 내비게이션이다

chapter 4
엄마는 공부 매니저다

chapter 5
엄마는 자존감 전도사다

chapter 6
엄마는 꿈으로 말한다

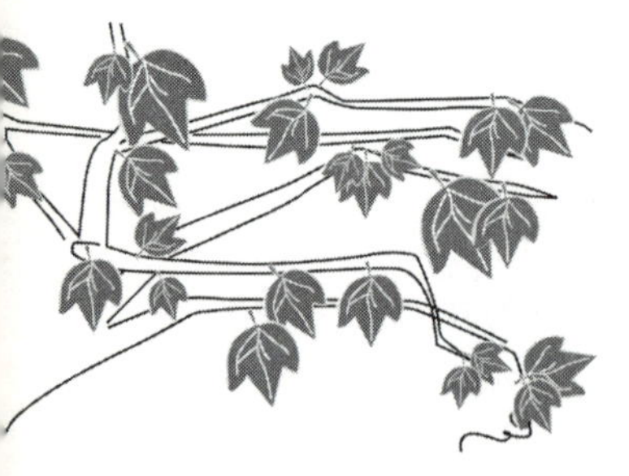

chapter 1

엄마는 최고의 코치다

어린이를 불행하게 하는 가장 확실한 방법은
언제든지, 무엇이건, 잡히는 대로 손에 넣을 수 있게 '내버려 두는 것'이다.
-장 자크 루소

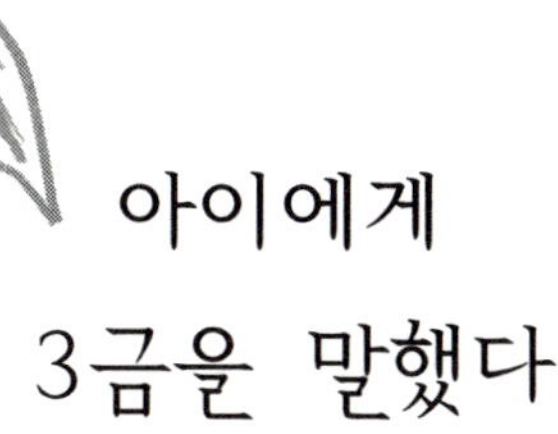

아이에게
3금을 말했다

"좋은 엄마를 주셔서 감사합니다."

아들이 초등학교 2학년 때 일기에 쓴 글이다. 아이로부터 '좋은 엄마' 소리를 들은 나는 무척 행복했다. 아들이 직접 말하지는 않았지만 일기에 쓴 글을 보면서 가슴이 찡하게 울렸다.

나는 느꼈다. 아이는 엄마의 행동을 다 알고 있다는 것을.

아이를 키우면서 나는 마음을 담금질했다. 아이를 위해서라면 무엇이든 '지금 당장' 하겠다고.

아이가 학습지가 필요하다고 하면 문고에 곧장 뛰어갔고, 아이가 먹고 싶은 게 있다면 곧장 만들었다. 아이가 궁금한 게 있다면 바로 같이 찾아보았다.

이런 생활이 계속되면서 어린 꼬마는 내가 좋은 엄마라는 것을 인식한 모양이다. 이제 중학생이 된 아들.

지금도 말로 표현은 안 하지만 눈길을 보면 알 수 있다. 아직도 초등학교 2학년 때와 같이 엄마에 대해 좋게 생각한다는 것을.

세상을 살아가는 데는 3가지 '금'이 중요하다고 한다. 황금, 소금, 지금이다. 황금으로 표현된 '재화'는 생존의 필수조건이다. 돈이 없으면 살 수 없다. 아이의 교육도 시킬 수 없다. '소금'은 지혜로움을 의미한다. 이웃과 더불어 살고, 사회에 보탬이 되는 삶을 위해서 필요하다. '지금'은 바람직한 삶을 위한 행동이다. 어떤 일을 하기로 했을 때 시작하는 시점을 '지금 당장' 하자는 뜻이다. 서면 앉고 싶고, 앉으면 눕고 싶고, 누우면 자고 싶은 게 사람이다. 스스로를 채찍질하지 않으면 편한 것만 찾게 된다. 일을 성취하는 사람은 주저함이 없다. 결정했으면 곧바로 실천한다.

하지만 이런 사람은 흔치 않다. 그래서 성공한 사람이 적은 것이다. 나도 그렇다. 이런 생활을 하지 못했다.

그런데 엄마가 되니까 달라졌다.

아이에게만큼은 지금 당장 해주고 싶었다. 아이에게 좋은 것이라면 지금 당장의 자세를 갖고 행동하려고 노력했다. 엄마의 관심과 행동이 아이의 미래를 좌우하기 때문이다. 엄마가 어떤 일에 대해 '다음에', '다음에'를 외치면 아이도 틀림없이 '다음에'의 생활 자세를 갖게 된다.

세상의 엄마는 게으르지 않다. 엄마가 무능하지 않고, 위대한 것은 자신을 위한 게 아니라 남, 특히 아이를 위해 행동하기 때문이다. 나를 위한다면 엄청난 힘이 나오기 힘들다. 그런데 아이를 위한다면 잠재된 능력을 발휘할 수 있다.

아이는 나에게 온 귀중한 선물이다.

내 살을 받아 생명으로 나왔지만 그 스스로 인격을 가진 고귀한 존재다. 그렇기에 고귀한 인격체를 소중하고 멋지게 키워야 하는 의무가 엄마에게는 있는 것이다.

아이가 부족하면 부족한 대로, 잘났으면 잘난 대로, 엄마로서 최선을 다해야 한다. 나의 엄마가 하신 것처럼 진자리 마른자리 갈아 뉘이며 잘 대접해야 한다. 옳은 가치관을 갖게 하고, 자신감 넘치는 열정적인 사람으로 키워야 한다.

그 방법이 바로 엄마가 보여주는 '지금 당장'이라고 생각한다.

대한민국의 공식 거짓말이 '다음에 보자'라고 한다. 이는 기약 없는 약속이다. 즉 만날 의사가 없이 내던지는 거짓이다.

인생의 소중하고 고귀한 선물인 내 아이에게 '다음에 보자'라고 할 수는 없다. 아무리 힘들어도 '지금 당장'을 실천하고 싶다.

엄마의 사랑도
홍보가 필요하다

100번 듣는 게 한 번 본 것에 미치지 못한다고 했다.

세상의 모든 어머니는 자식을 끔찍하게 사랑한다. 배 아파서 낳은 자식이라는 논리적인 설명이 필요 없다. 그것은 본능이다. 자식을 위해서는 체면도 생각지 않는다. 살이 찢어지는 것도 감수한다. 오로지 하나만 본다. '아이가 잘 커야 하는데, 잘 돼야 하는데' 일 뿐이다.

이것이 어머니의 마음이다. 어머니는 강한 사람의 이름이다.

하지만 이런 어머니의 헌신적인 사랑을 아이가 알아야 한다. 눈으로 보고 피부로 느껴 스스로도 알겠지만 알려줘야 할 때도 있다.

딸과 아들이 중학교에 들어간 이후엔 엄마 아빠가 너희를 위해 얼마나 열심히 사는가를 말해줬다. 아이도 생각이 있기에 부모가 열심히 살고, 자신들을 위해 최선을 다한다는 것을 잘 알고 있다.

하지만 아이는 세상에 관심을 둘 게 너무나도 많다. 그중에서도 부모의 은혜와 사랑을 최우선시 할 수 있도록 하려면 사랑과 노력을 말해줘야 한다.

거짓이 아닌, 마음에서 우러나오는 사랑을 계속 보여주면 일탈 행동은 줄어들 수밖에 없다. 나에게 관심을 쏟는 부모가 있다는 것만으로도 일탈을 하고 싶어도 한 번 더 생각하게 된다.

방학이 되면 학원도 며칠 문을 닫는다.

중학교 1학년인 아들이 다니는 학원은 방학 중 문을 닫았다가 개학 전에 다시 열었다. 오전 10시에 가서 오후 6시에 온다. 자습 위주이지만 쉽지 않은 여정이다. 차로 5분 거리인데 태워다 줬다. 단순하게 데려다 주는 게 아니라 힘든 아들을 응원한다는 메시지를 전하는 의도였다. 점심 때에는 간식을 준비해 갔다. 간식을 준비해 가지 않으면 매점에서 빵을 사먹고 말 것이기 때문이다. 다른 엄마들은 식사를 준비하기도 하고, 돈을 주기도 한다.

나는 일을 하면서도 점심이나 저녁은 꼭 챙겨주려고 한다.

일정을 조정한다. 아이의 식사 시간엔 엄마가 있어야 포근한 상태에서 맛있게 먹을 수 있다는 믿음이 있기에.

사랑은 직접 보여주는 것이다. 그러나 이것만으로는 부족하다. 얼마나 사랑하고 있는지 말해줄 필요도 있다.

늦가을, 치맛바람,
바짓바람 부는 중계동

2008년 11월의 어느 토요일.

중계동의 은행사거리. 오후 7시쯤에 경찰차들이 출동했다. 경찰이 마이크를 창밖으로 대고 "○○○○번, 차를 빼세요"를 연신 외치며 교통질서를 바로잡기 위해 애쓴다.

승용차들이 사거리 주변의 갓길에 줄지어 서 있었다. 당연히 교통 흐름이 원만하지 못했다. 또 한 건물 앞에는 수백 명의 어른들이 서성거리고 있다. 차를 타고 가는 사람들은 무슨 일인가 하고 두리번거렸다. 경찰의 노력에도 불구하고 거북이 걸음의 차량보다 보행자들의 걸음이 훨씬 빨랐다.

잠시 후, 건물에서 건장한 20대 청년 서너 명이 나와 소리친다.

“부모님들, 여기 계시면 아이를 만나지 못합니다. 오른쪽으로 아이들이 나오니까 그 방향으로 통로를 만들어주세요.”

이어 1천여 명의 꼬마들이 쏟아져 나왔고, 여기저기서 어머니 아버지들은 아들과 딸 이름을 외쳐 댔다. 이산가족과 상봉하거나, 전쟁의 혼란에서 가족을 찾는 듯한 착각이 들 정도였다. 혼잡함은 꼬마들이 하나둘씩 마중 나온 부모의 손을 잡고 빠져나간 뒤에야 잦아들었다.

한바탕 난리가 난 것은 시험 때문이다.

한 학원에서 예비 중학생들을 대상으로 영어와 수학 시험을 치렀다. 그런데 무려 1천여 명이 응시를 한 것이다. 소위 민사고반, 과학고반 선발을 위한 1차 시험이었다. 여기에서 좋은 성적을 거둔 학생은 2차 시험을 볼 수 있다. 이 과정을 통과한 소수 학생이 민사고 대비반이나 과학고 대비반에 들어갈 수 있다. 시험은 무료도 아니다. 2만 원을 낸다.

그런데도 엄청나게 학생들이 모여들었고, 아이들을 마중하기 위해 수백 명의 부모가 기다리고 있었던 것이다. 가히 대한민국 교육 광풍의 한 단면이라고 할 수 있다.

하지만 이해도 간다. 무한경쟁 사회에서 살아남기 위해서는 어쩔 수 없는 일 아닌가. 더욱이 중학교 1학년이라는 의미는 부모에게 각별하다.

예외적인 몇몇을 제외하곤 중학교 성적이 고등학교 때까지 이어지는 게 일반적이다. 특히 중학교 첫 시험은 아이의 인생 향방을 바꿀 정도로 의미가 있다. 청소년기의 첫 시험에서 결과가 좋으면 아이는 자신감을 갖게 된다.

자신감은 두뇌보다 더 중요하다. 지능지수가 뛰어나도 자신감이 떨어지면 좋은 성적과는 거리가 멀어진다. 반대로 평범한 아이라도 자신감이 넘치면 극대화의 능력을 발휘한다. 이를 아는 부모들이 중학교에 막 들어가는 아이를 명문학원(?)에 보내기 위해 치맛바람, 바짓바람을 일으킨 하나의 예가 이날 중계동의 교통 혼잡 사건이다.

늦가을에 유명하다는 학원에 합격해서 겨울에 열심히 공부해야 중학교 첫 시험에서 기대를 하기 쉽다. 나도 초등학교 6학년인 아들을 이 대열에 합류시켰다. 6년 동안 꾸준히 관심을 보인 덕분에 잘 자라 준 아이. 공부도 꽤 잘한다. 하지만 공부의 출발은 이 시기부터다. 초등학교 때까지는 엄마의 노력이 더 클 수 있었지만 중학교부터는 아이의 의지가 더 많은 부분을 차지하기 때문이다. 엄마는 리더가 아니라 도우미로서 역할을 바꿔야 할 때다.

초등학교 6년 동안 엄마의 역할에 비교적 충실했다고 자부하는 나. 그 무렵에 나는 여러 단계의 인생 중 자신의 의지로 첫 출발선에 선 아들을 조용히 지켜보며 표 안 나게 앞길을 비로 쓸어주어야겠다고 다짐했다.

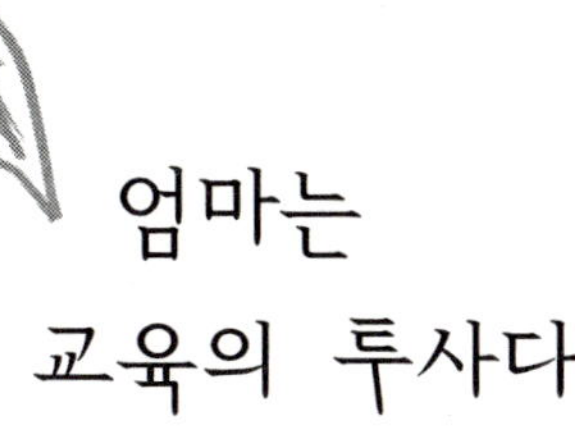

엄마는
교육의 투사다

이사를 했다.

순전히 아이들 때문이다. 아이들이 중학교 2학년과 초등학교 6학년 때다. 내가 살던 곳은 고려대학교 인근이다. 산림이 우거지고 고려대와 경희대 한국과학기술원 수목원 등이 있어 살기에 아주 좋은 지역이다. 하지만 학원이 마땅치 않다. 공부 잘하는 아이나 학습에 관심이 있는 아이는 중계동으로 학원을 다닌다.

서울은 크게 세 곳에 학원가가 발달해 있다. 강남의 대치동, 강서의 목동, 강북의 중계동이다. 나는 그동안 아이를 차에 태우고 중계동으로 다녔다. 나도 피곤했고 아이도 힘들어했다.

그래서 이사를 했다. 아파트를 세 주고, 그 돈으로 전세를 얻어 갔다. 하계동은 그렇게 친환경적인 곳은 아니다. 하지만 학군 때문에 전셋값이 만만찮다.

이사를 하고 나자 사단이 났다. 아이들이 집에 앉아있지 못했다. 화장실에서도 엉거주춤하고 방에도 정을 붙이지 못했다. 나와 남편도 마찬가지였다. 나는 그동안 새 아파트에서 살아왔다. 그런데 10년 이상 된 빌라에 입주하려다 보니 어려움이 많았다. 화장실과 창틀이 그렇게 지저분할 수 없었다. 도저히 잠을 잘 수 없었다. 이삿짐은 밤 9시쯤에 들어왔다. 나와 남편은 자정까지 화장실과 창틀을 닦았다.

하지만 한강에 돌 던지기였다. 하는 수 없이 다음날 청소용역업체를 불렀다. 용역업체는 30만 원을 이야기했다. 나는 혼잣말로, "집 청소하는데 뭐 이리 비싸?"라며 고개를 흔들었다.

할인을 해서 25만 원으로 했다. 오전 11시쯤 사장과 여직원 두 명이 나왔다. 집안 곳곳을 세밀하게 닦았다. 집주인인 내가 미안할 지경이었다.

점심값도 비용에 포함돼 있었다. 이들은 밤 8시 30분까지 집안을 정말로 '노력'이 아니라 '헌신'이란 느낌이 들 정도로 정리해주었다. 나는 청소 비용을 깎은 게 미안했다. 결국 일을 다 마쳤을 때 할인했던 금액까지 다 지불했다. 정말로 감사하다는 말과 함께.

그러면서 또 생각 했다. '세상 살기 정말 힘들구나.'

이와 함께 다른 생각도 떠올랐다.

'이분들도 학부모고, 엄마, 아빠겠지. 그래서 그토록 힘들게 일하면서도 감사의 마음을 갖겠지.'

세상의 부모는 정말로 인생을 투쟁적으로 사는 것 같다.

나는 회사에 대한 불만, 일에 대한 부담이 사치라는 생각이 들었다. 세상의 모든 부모는 정말로 아이를 위해 힘든 일도 감사하게 하는 것을 알았기 때문이다.

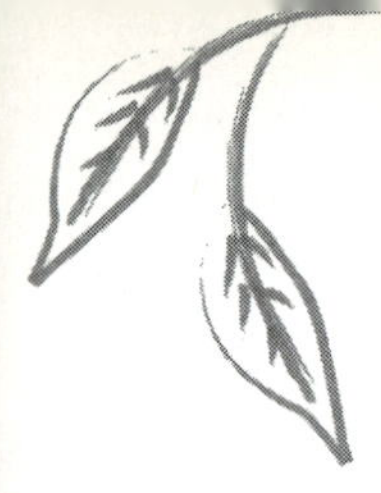

천 원짜리 행운

아들이 중학교 1학년 때 길거리에서 500원짜리 동전 2개를 주웠다.

아이는 아주 좋아했다. 마침 현진건의 『운수 좋은 날』을 읽었던 아들은 제목을 차용해 '오늘은 운이 좋은 날'이라며 기뻐했다.

나는 물었다. "그 돈으로 무엇을 할 거니?"

아직 어디에 쓸 것인가는 생각지 않았다는 아이. 아이의 기쁜 얼굴과는 달리 내 마음은 그리 밝지 못했다.

천 원은 불로소득이다. 구태여 허리를 굽혀 줍는 행동을 노력이나 노동이라고 표현할 수도 있지만 아무런 노력 없이 얻은 돈이나 마찬가지다. 불로소득에 대해 "운이 좋다"며 그토록 기뻐하는 아이가 진정으로 행운을 알지 못한다는 생각이 들었다.

아이에게 진정한 행운은 낳아서 키워주고, 학교에 보내주고, 학원비를 주고, 사랑으로 감싸는 부모를 만난 것이 아닐까? 풍족한 환경에 있으면서도 옆집 아이에 비해 조금만 부족한 게 있으면 투덜거리는 게 요즘 아이다. 이런 진정한 행운에 대해서는 당연하게 생각하면서, 돈 천 원에 행운을 만끽한다.

물론 작은 운도 운이다. 하지만 진정한 행운아는 작은 운을 큰 행운으로 승화시킨다.

경영의 신이라는 일본 마쓰시타 전기산업의 마쓰시타 고노스케 전 회장은 젊은 시절 복합 소켓을 개발했다.

밤길을 걷는데 어떤 한 집에서, 아내는 다림질을 위해 소켓이 필요하다고 주장하고, 남편은 라디오를 듣기 위해 소켓을 써야 한다며 싸우는 소리를 들었다. 이에 영감을 얻은 그는 복합 소켓을 개발했다.

남의 싸움 구경을 한 것은 운이다. 세상에서 싸움 구경이 가장 재미있는 사람에게는 분명 운이다. 그런데 진정한 운은 바람처럼 스쳐가는 게 아니라 그것을 창의적인 사고와 행동으로 연결해야 생긴다.

아들은 천 원으로 아마 과자를 살 것이다. 과자를 사 먹으면 남는 게 없다. 그래서 운이라고까지 하기에는 무리다. 아들이 만약 생산적인 일에 천 원을 쓴다면 행운이라고 할 수 있다. 나는 아이에게 말했다.

"그 돈으로 과자를 사서 친구들과 함께 먹어라. 아니면 경찰에 신고하기에는 너무 작은 돈이니까 이웃돕기 할 때 써라."

친구와 과자를 같이 먹으면 친구가 생긴다. 이는 사람을 얻는 가장 쉬운 방법이다. 아이는 베풂을 통해 친구를 얻는 방법을 자연스레 터득하게 된다. 친구가 생긴다. 친구가 생기면 생산적인 결과다. 이는 분명 행운이다.

이웃돕기에 써도 누군가는 그 돈으로 작은 위안을 받는다. 세상이 밝아진다. 혜택 받은 사람은 일어설 힘이 생긴다.

기부한 사람도 기분이 좋다. 세상을 긍정적으로 본다. 역시 살만한 가치가 있다는 생각이 든다. 운이 있는 사회가 된다. 아이도 운이 있는 아이가 된다.

세상에서 성공하는 사람은 '운이 있다'고 생각하는 사람들이다. 세상에서 절대적으로 운이 있다고 생각하는 이는 1%에 해당한다고 한다. 99%는 조금만 생각이 빗나가거나 결과가 안 좋으면 '나는 왜 이리 운이 없을까?'라고 부정적인 생각을 한다. 실제로 옆 사람이 돈을 줍고 자신은 줍지 못하면 '운이 없다'고 생각한다. 이는 운에 대한 정확한 개념이 없기 때문이다.

사회에서 살아가는 운은 공짜로 얻는 게 아니라 공짜로 얻은 것을 통해 생산적인 일을 하는 것이다. 그래야 지속적인 운이 생긴다. 이것이야말로 진정한 행운이라고 할 수 있다. 돈을 줍는 것은 운이 아니라 운으로 가는 디딤돌이다.

아들아! 행운을 잡아라. 그 방법은 생산적인 일을 하는 것이다.

아이의 첫인상이
학교생활을 좌우한다

사람은 생각하는 대로 변한다.

또 대우받는 대로 변한다. 생각하는 대로 변하는 것은 의지가 강할 때 가능하다. 초등학생의 경우 힘들다. 자아 개념이 확실하게 형성되고 동기부여가 되어야 하는데, 아이들에게 여기까지 기대하기는 쉽지 않다.

그러나 대우받은 대로 변하는 것은 상대적으로 쉽게 이뤄진다. 존중받은 아이는 자신감을 갖고 상대도 존중하게 된다. 무시 받은 아이는 자신감을 상실하고 주위 눈치를 살핀다.

따라서 대우받는 아이로 키워야 한다. 가장 손쉬운 방법이 깔끔하고 세련된 옷을 입히는 것이다. 세련된 옷을 입고 반듯한 외모를 지니면 주위에서 쉽게 무시하지 못한다.

사람은 착각 속에 산다. 이성적으로 판단하고 행동한다고 믿지만, 결과는 그렇지 않은 경우가 많다는 것이 실험으로 밝혀지고 있다.

최근 EBS에서 외국인의 길 안내 실험을 한 사례가 있다. 백인인 캐나다인이 길을 물어봤을 때 거의 대부분 사람들이 호의적으로 안내했다. 어떤 여성은 계속 옆에서 도와줄 방법을 찾고, 어떤 남성은 버스 노선도를 찾아서 상세하게 안내했다. 이에 비해 피부가 검은 편인 인도네시아 남성이 길을 물었을 때 대부분 시민들의 반응은 "영어를 못한다"며 냉담했다.

EBS는 실험 전에 시민들을 대상으로 결과가 어떻게 나올 것인가를 인터뷰했다. 절대다수가 큰 차이가 없을 것이라고 응답했다. 그러나 결과는 놀라울 정도로 큰 차이를 보였다.

사람은 이성적이고 합리적으로 판단하고 행동할 것이라고 생각하지만, 이는 바람에 지나지 않음을 보여준 것이다.

역시 같은 TV가 한 사람을 강남의 한 쇼윈도에 세우고 똑같은 실험을 했다. 캐주얼 복장일 때는 극히 부정적인 평가가 나온 반면, 정장 차림을 했을 때에는 긍정적인 평가가 나왔다.

두 가지 실험은 외모가 대우를 결정하는 결정적 요소임을 보여준다.

첫인상은 상대와 내 마음의 변화에 따라 달라진다. 일반적으로 처음 만나는 사람은 외모나 복장, 대화술 등에 따라 이미지가 결정된다. 그런데 어떤 경우는 처음 만남에도 불구하고 예전부터 잘 알던 사람처럼 친근감이 느껴지고, 마음이 통할 것 같은 생각이 든다. 이는 자신이 좋아하거나 가깝게 느낀 사람과 닮았다고 여길 때 일어난다. 무의식중에 호감을 느끼는 사람에게 품은 감정을 처음 만난 사람에게도 비춰보는 부분이 생긴 것이다.

아이도 마찬가지다.

교사가 아무리 모든 아이에게 정성을 쏟는다 해도 사람이기에 깔끔하고 지적인 아이에게 더 관심을 보일 수밖에 없다. 그래서 아이에게 이미지메이킹이 필요하다. 성격은 밝게, 복장은 깔끔하게, 얼굴은 화사하게 하는 게 대단히 중요하다. 교사도 무의식중에 호감을 느끼는 학생은 깔끔한 아이일 수밖에 없다.

나는 아이가 초등학생일 때 여러 차례 차에 태우고 학교에 갔다. 엄마가 관심을 기울이는 아이임을 보여주기 위함이었다. 옷도 비싼 것은 아니지만 항상 깔끔하게 입혔다. 아이는 최소한 무시당하지는 않았다.

요즘 옷은 유명 브랜드가 아니어도 품위 있는 게 많다. 깨끗하게 세탁하고, 자주 여러 옷을 갈아입혀 관심 받는 아이임을 보여주면 주위 사람도 대우를 하게 된다. 대우받은 아이는 자기가 필요한 존재임을 인식하게 된다. 그리고 세상에, 주위 사람에 대하여 긍정적이게 된다.

chapter 2
엄마의 배려는 체념이다

He who spares the rod hates his son, but he who loves him is careful to discipline him

매를 아끼는 것은 자식을 사랑하지 않는 것이다. 자식을 사랑하는 사람은 훈계를 게을리하지 않는다.

강릉 앞바다에 뜬
신발 한 짝

가족이 동해안에 놀러갔다.

속초에서 설악산을 보며 하루를 지낸 뒤 강릉의 경포대 앞에서 쉬었다. 6월, 아직은 이른 듯 했지만 뜨거운 태양과 짙푸른 바다의 유혹에 대학생으로 보이는 젊은이들은 바다로 뛰어들었다.

우리 가족은 파도가 경포대를 향해 치달릴 때 재빨리 모래사장으로 달리고, 다시 바닷물이 동해로 물러나면 쫓아가곤 했다. 신발을 신은 남편은 물살을 재빨리 잘도 피했다.

하지만 나는 금세 물에 발목을 잡혔다. 바지가 다 젖었다. 이에 비해 중3인 딸과 중1인 아들은 날쌘돌이였다. 요리조리 물을 잘 피했다. 밀려들고 빠지는 바닷물을 놀리며 마냥 신이 났다.

하지만 대자연의 위대함 앞에 아이들의 자만은 10분을 넘기지 못했다. 파도가 다가오자 아들은 재빨리 백사장으로 줄행랑을 쳤는데, 슬리퍼가 문제였다. 물살이 몰려올 때 슬리퍼 한 짝이 모래 속에 깊숙이 박힌 것이다. 슬리퍼를 모래에서 뺄 시간은 없었다. 무조건 뛰어야 옷이 젖지 않는다. 아이는 물살이 빠지자마자 슬리퍼가 묻힌 곳을 확인했다. 아직 빼내지 못했는데 또 파도가 밀려온다. 일단 후퇴. 파도가 또 물러나자 다시 확인했다.

그러나 파도가 쓸어온 모래에 묻혀 슬리퍼는 흔적도 없이 사라졌다. 찾고 또 찾기를 여러 차례. 이제는 슬리퍼가 묻힌 지점이 어디였는지 정확히 알기도 어려웠다. 결국 포기. 아이는 슬리퍼 한 짝만 들고 그늘로 들어가려고 했다. 그때 내가 말했다.

"남은 슬리퍼 한 짝을 바다에 버려라."

어리둥절하는 아이에게 마하트마 간디의 이야기를 했다.

인도의 성웅인 마하트마 간디가 기차 여행을 할 때다. 간디가 막 출발하려는 기차에 올라타려고 하는데, 실수로 신발 한 짝이 벗겨졌다. 플랫폼 바닥에 떨어진 신발을 주울 시간은 없었다. 기차가 이미 출발하고 있었기 때문이다.

순간 망설이던 간디는 나머지 한 짝을 벗어 플랫폼에 던졌다. 동행한 사람들이 웅성거렸다. 의아했기 때문이다. 이유를 묻는 한 승객에게 간디는 미소 띤 얼굴로 말했다.

"어떤 가난한 사람이 바닥에 떨어진 신발 한 짝을 주웠다고 상상해 보십시오. 그에게는 그것이 아무 쓸모가 없을 것입니다. 하지만 두 짝이 있으면 신발 한 켤레를 얻은 셈이 되죠."

내 이야기를 들은 아이는 바다에 남은 슬리퍼 한 짝을 던졌다. 고무 슬리퍼는 동해의 먼 곳으로 떠나지 않고 계속 파도에 밀려 모래사장 쪽으로 왔다. 10분이 지나도, 20분이 지나도 계속 우리 주변에서 맴돌았다.

슬리퍼를 보면서 아이는 간디의 배려를 배웠을까. 먼 훗날 아이에게 추억으로 자리 잡았으면 좋겠다.

화를 내지 않고
혼을 냈다

아들이 초등학교 4학년 때다.

나는 점심을 먹고 동네 엄마들과 차를 마시고 있었다. 그런데 갑자기 아들이 들어왔다. 상기된 얼굴로 가방을 툭 던지고 자기 방으로 들어간다. 단단히 화가 난 모양이다. 그러면서도 아이는 엄마의 눈치를 보고 있었다. 어떤 이유인지는 모르지만 학교 수업이 끝나기도 전에 중간에 돌아온 것은 잘못된 일임을 알 나이이기 때문이다.

짧은 순간, 당혹스러웠다. 수업이 끝나려면 아직도 2시간이 남아 있었다. 그런데 왜 아이가 돌아왔을까. 더군다나 잔뜩 화가 난 얼굴로.

난데없는 아이의 행동에 당혹과 짜증이 일었다. 하지만 감정을 추

스렸다. 잠시 심호흡을 하고 아이 방에 들어갔다.

"엄마는 깜짝 놀랐네. 아들이 벌써 돌아와서."

나는 아무렇지도 않은 듯 간접화법으로 가볍게 물었다. 내가 마음의 여유를 갖지 않았다면,

"너, 무슨 일이야? 왜 이렇게 일찍 왔어? 어서 말해 봐! 무슨 일이야?"

라고 다그쳤을 것이다. 그러면 아이는 불안감에 빠질 것이 분명했다. 상황을 정확하게 객관적으로 말하지 않고 왜곡하려고 할 수도 있다. 그래서 의식적으로 주어를 엄마로 하면서 별 일 아니라는 듯 말했다.

그제서야 아이는 크게 혼나지 않을 것이라는 분위기를 감지하자 차분하게 말했다. 아이는 청소 당번이었다. 맡은 구역을 깨끗하게 청소했다.

그런데 같은 조원의 일부가 책임을 다하지 않았다. 그 일로 조원 모두가 선생님으로부터 단체 꾸중을 들었다. 아이는 자기 일을 다 했는데도 혼이 나자 화가 치밀었다. 더욱이 청소 당번이 아닌 친구들이,

"너희들, 청소를 다하지 못했으니까 수업 끝나고 남아서 해."

라고 했다.

그렇잖아도 분을 삭이지 못하던 아이는 "이 ××들아!"라고 욕을 했다. 그리고 문을 쾅 차고 책가방을 들고 그대로 집에 온 것이다. 우

리 아이와 또 다른 아이가 교실 밖으로 나왔다. 한 아이는 "나는 교실로 갈게." 하고 학교에 남은 반면, 우리 아이는 집으로 곧장 왔다.

자초지종을 들은 나는 "네가 화난 것을 이해한다"며 우선 어루만져주었다. 그리고 이렇게 말했다.

"그래도 선생님이 너무 황당하셨겠다. 친구들도 놀랐겠다. 내 행동으로 여러 사람에게 놀람을 줬으면 좋은 일일까?"
라고 물어, 아이에게 생각할 시간을 줬다.

아이는 "너무 화가 나서 그랬다"며 "좋은 행동이 아닌 것은 안다"고 답했다. 나는 "그럼, 내일 어떻게 해야 할까?"라고 다음 말을 유도했다. 아이는 선생님과 친구들에게 사과를 하겠다고 했다.

나는 결론을 말해주었다.

"네가 화난 것은 이해하고, 그럴 만도 하다. 이렇게 한 번 만만한 아이가 아니라는 것을 보여주면 친구들이 너를 다시 생각하게 된다. 너는 네 감정에 충실했다. 하지만 네 느낌이 소중한 만큼 친구들과 선생님 입장도 생각해야 한다. 그래야 계속 사이좋은 관계를 유지할 수 있다. 네가 그렇게 하게 된 배경과 그로 인해 친구와 선생님의 마음을 상하게 한 일은 나누어서 생각해라."

아이로 인해 당혹스러울 때 엄마의 반응은 크게 두 가지다.

하나는 화내는 것이고, 또 하나는 혼내는 것이다. 아이는 인격체이다. 아무리 어려도 존중받고 싶은 마음은 어른과 조금도 다름이 없다. 그런데 화는 상대에 대한 존중감이 없고 나의 기분을 푸는 것에 그친다. 혼내는 것은 이성이 개입돼 있다. 화가 난 이유를 생각하고 어떻게 행동해야 한다는 것을 제시하기에 아이도 받아들일 수 있다.

그런데 엄마는 혼을 내기가 쉽지 않다. 여성은 스트레스를 받으면 남성에 비해 화를 낼 가능성이 높다. 평소 여성은 하루에 6천~8천 개 단어를 생각한다.

주부는 집에서 남편 오기를 기다린다. 어떻게 생각하면 말을 하기 위해서다. 여성은 스트레스를 받으면 언어 기능이 작용, 한없이 이야기하고 싶어진다. 잔소리가 되고 화를 내게 된다.

반면에 남성은 하루에 4천 개 단어를 생각하는데, 대부분 회사에서 다 말하고 귀가한다. 남성은 스트레스를 받으면 두뇌에서 공간 기능과 논리 기능이 활발해진다. 따라서 여성은 화내기 쉽고, 남성은 혼내기 쉽다.

물론 충격은 말을 하지 않는 남자가 더 클 수밖에 없다. 그러나 아이의 입장에선 아빠의 훈계가 더 잘 먹힐 수 있다.

엄마는 화를 내는 것, 즉 자신의 감정을 푸는 것이고, 아빠는 잘못을 지적하는 것, 즉 혼을 내는 것이다. 화내는 것은 감정의 폭발이고, 혼내는 것은 잘못 여부를 따져 훈계하는 것이다.

화를 내면 아이는 반항하게 돼 있다. 따라서 엄마들은 본능을 억제하며 순화하는 노력이 필요한 것이다.

선생님, 제가
100% 잘못했습니다

교실 문을 박차고 나온 아이는 이후 '영웅(?)'이 되었다.

또래들 사이에서 "쟤, 대단하다"는 소문이 났다. 작은 키지만 성깔 있으니까 함부로 건드리지 말자는 분위기가 은연중에 형성되었다.

아이는 세상을 살면서 한 번쯤 자신이 묵묵히 당하기만 하는 바보가 아니란 것을 보여줄 필요도 있다. 계획한 것은 아니지만 결과적으로 우리 아이는 그런 효과를 보았다. 그러나 분명 잘못한 것은 잘못한 것이다.

다음날 아이는 반성문을 썼다. 엄마와의 대화를 통해 잘못된 행동임을 분명히 알게 된 만큼 마음에서 우러난 글이었다.

선생님! 금요일엔 제가 잘못했습니다. 저는 잘못한 것이 없다고 생각했지만 반 친구들이 모두 저와 ○○이한테 쏘아붙이고 무안을 줘서 화가 났습니다.

선생님께서 뒷문을 닫으라고 말씀하셨는데, 화가 나 있는 상태라서 버릇없이 문을 세게 쾅 닫았습니다.

너무나도 죄송합니다. 다시는 그런 일이 없도록 조심하겠습니다.

그리고 선생님도 계시는데 반 친구들에게 "이 ××들아"라고 욕을 했습니다. 욕을 하면 안 된다는 것을 알면서도 화가 나 저도 모르게 욕이 나왔습니다. 앞으로는 욕을 하지 않도록 참고 마음을 가다듬겠습니다.

수업 시간에 ○○이한테 집에 가자고 한 것은 너무 큰 잘못이라고 생각합니다. 절대로 선생님을 싫어해서 한 행동은 아닌데 그렇게 해서 너무나도 죄송합니다.

제가 그러지는 않았지만 신발장 문을 고장 낸 것에 대해 사과드립니다. 앞으로는 공부도 열심히 하고 청소 당번일 때 청소도 열심히 하겠습니다. 그리고 무슨 일이 있어도 절대로 수업 시간 중에 가방 싸들고 집에 가는 일이 없도록 하겠습니다.

저는 선생님을 너무 너무 존경합니다. 우리 반의 소외받은 친구들을 잘 챙겨주시고 공부도 열심히 가르쳐 주셔서 좋아합니다. 금요일 일은 제가 100% 잘못했습니다. 선생님 마음 아프게 해 드려서 죄송합니다.

2006. 10. 15 ○○올림

역시 ○○이에 대한 선생님의 믿음은 헛되지 않았네요.

○○이의 예쁜 마음에 선생님이 자꾸 눈물이 나네요.

사랑해요.   2006. 10. 선생님이

서울교대 영재원을
포기케 한 엄마

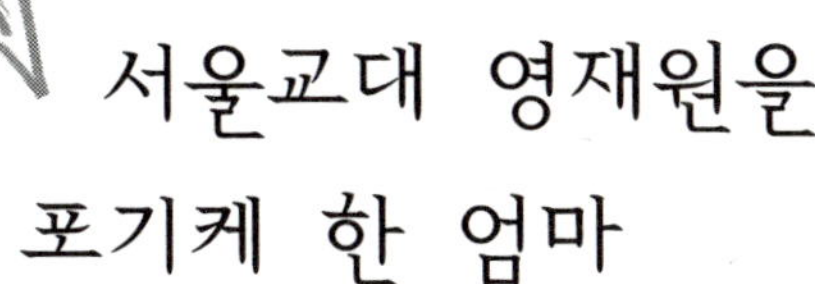

초등학교 2학년 때부터 수학과 과학 경시대회를 휩쓴 아이가 있었다. 과외나 심화학습 등 특별한 공부를 하는 것도 아닌데 전국대회에서 두각을 나타냈다.

수학이나 과학 경시대회 본선은 공부를 열심히 한다고 풀 수 있는 것은 아니다. 선천적으로 타고나야 한다. 공부를 계속하면 반에서 1등은 가능하지만 전국대회 1등은 어렵다.

그런데 한 아이가 각종 수학 경시대회를 휩쓴 것이다. 그중에서도 빅3로 통하는 대회에서 한 번은 1등, 한 번은 2등, 한 번은 3등을 했다.

초등학생은 4학년 때 영재반에 시험을 볼 수 있다. 서울은 서울교대 영재반이 가장 우수하다. 그 외에 각 교육청 영재반이 있다. 빅3 대회에서 1, 2, 3등을 한 번씩 한 아이가 서울교대 영재반 시험을 보지 않았다. 그는 대신 북부교육청 영재반에 응시해 합격했다. 나는 그 엄마에게 물었다.

"얘는 천재인데 왜 서울교대 시험을 보게 하지 않았어요. 이런 애가 서울교대 영재반에 합격하지 않으면 누가 하겠어요."

하지만 그 엄마는 정색을 하면서 말했다.

"세상에는 영재들이 많아요. 두뇌가 우수한 아이들이 참 많아요. 그래서 합격 가능성이 높지는 않아요. 자칫 서울교대 영재반 시험에서 떨어지면 아이가 자존심이 상하고 자신감이 떨어질 수 있어요. 그래서 합격 가능성이 더 높은 교육청 영재반에 시험치게 했어요."

엄마가 아이를 배려한 것이다. 세상의 엄마들은 수준 높은 곳에 자녀를 무조건 응시하게 하는 경향이 있다. 그런데 전국 1등 경험이 있는 아이의 엄마는 아들을 세심하게 배려해 서울교대 영재반 시험을 말린 것이다.

엄마의 세심한 배려가 아이에 대한 과도한 욕심을 꺾게 한 것이다.

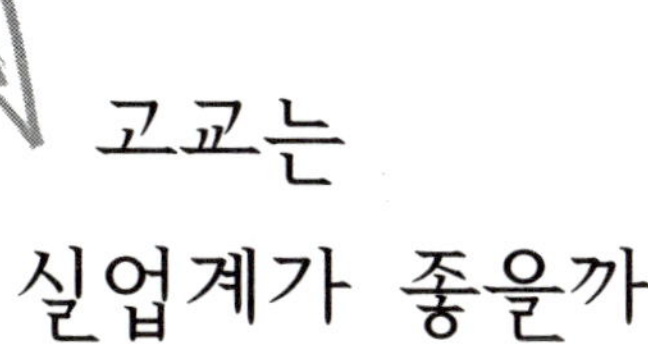

고교는
실업계가 좋을까

딸이 중학교에 입학한 뒤 고민이 부쩍 늘었다.

애를 생각하면 한 숨이 나왔다. 공부를 잘할 것 같지 않았기 때문이다. 중간고사가 다가오자 더욱 조바심이 났다. 걱정하던 나는 남편에게 한숨을 내쉬며 말했다.

"애가 첫 시험에서 10등 안에는 들어야 할 텐데……."

남편은 번지수가 너무 다른 대꾸를 했다.

"전교에서 10등이면 만족해야지."

나는 어이가 없었다. 남편이 애의 현주소를 너무 모르는 것이 짜증도 났다. 언성을 높이며 말했다.

"반에서 10등이라도 해야, 어떻게 학원에 보내고 쥐어짜든 해서 기대라도 하죠. 30명 중에 20등 하면 어떻게 하겠어요. 이런 성적이 계속되면 인문계 고교에 가기 어렵고, 인문계 고교에 간들 제대로 대학에 진학하겠어요.”

남편은 웬 엄마라는 사람이 아이를 이토록 심하게 무시하는가라는 표정을 지었다. 하지만 그는 감정을 자제하며 물었다.

“그렇게 못하는가. 초등학교 때 100점도 맞았잖아.”

100점은 초등학생들이 자주 맞는 점수다. 문제가 그리 어렵지 않기 때문이다. 우리 아이도 100점을 여러 번 맞았다. 하지만 점수가 문제가 아니었다. 엄마인 나와 대화를 하면 공부를 잘하는 아이가 아님을 알 수 있었다.

정말 걱정이 됐다. 옆집 아이가 생각났다. 상업고등학교에 진학했는데 대학에 합격했다. 취업 준비 등으로 학교 공부에 전념하지 못하는 아이들 틈에서 열심히 공부하니까 내신 등에서 절대적으로 유리해 결과가 좋았던 것이다. 만약에 그 아이가 인문계에 진학했다면 서울 시내 대학 진학 자체가 어려웠을 가능성이 높다.

남편에게 그 아이 예를 들며,

“우리 아이도 실업계를 생각해 볼 필요가 있다.”

고 했다.

하지만 남편은,

“애들은 금방 변한다. 놀라운 잠재력이 있다. 그 이야기는 3학년 때 하자. 조금 지켜보자.”

고 했다. 나는 중간고사를 준비하는 아이를 보면서 한숨만 내쉬었다.

나는 사실 실업계를 보내도 걱정이었다. 실업고에 가서 성실하게 공부한다고 장담할 수 없었기 때문이다. 옆집 아이는 열심히 공부했기에 내신이 좋았던 것이다. 부정적인 생각이 스쳐갔다. 실업고에 보냈는데 성적이 안 좋아 대학 진학도, 취업도 못할 것 같은 느낌이었다.

나의 얼굴이 어둡자 남편은,

“우리는 천재도, 둔재도 아니지만 정상적으로 학교를 다녔어. 딸도 우리와 같이 평범해. 그렇다면 교육 여하에 따라 달라질 거야.”

라며 계속 관심을 보이라고 했다.

그 말을 듣고 보니 세상에 극단은 없는 듯했다. 이탈리아 경제학자 파레토가 말한 상위 20% 법칙은 아이들에게도 적용될 것 같았다. 인문계든, 실업계든 20% 정도만 열심히 공부할 것이라는 확률이다. 그렇다면 실업계에 보내도 대학 진학 가능성이 두드러지게 높아지는 것이 아니잖는가.

한숨을 짓는 나에게 남편은 분위기를 바꾸려는 듯 무용가 이사도라 던컨이 극작가 버나드 쇼에게 프러포즈한 이야기를 했다.

“당신의 천재적인 두뇌와 나의 아름다운 미모가 결합하면 최고의 두뇌와 멋진 외모를 가진 2세가 나타나겠지요.”

당대 최고의 미녀인 이사도라 던컨과 세계 최고의 지성인 버나드 쇼가 결혼하면 우생학적으로 최고의 2세가 나올 것이라는 주장이었다. 이에 대해 버나드 쇼는

"나의 추한 외모와 당신의 명석하지 못한 두뇌를 빼닮은 아이가 나온다면 너무나 가혹하지 않겠소."
라고 답장을 보냈단다.

그렇다. 모든 것은 생각하기 나름이다. 엄마로서 최선을 다하는 것으로 만족하자고 생각했다. 계속 지켜보면서 학습에 관심을 기울이도록 배려하기로 했다.

그리고 "네 인생은 너의 것"이라는 말도 언젠가는 말해주기로 결심했다. 말을 물가로 끌고 갈 수는 있지만 억지로 물을 먹일 수는 없다는 옛말로 위안을 삼았다.

그래, 학교에
반찬을 싸 가라

급식에 관한 생각 하나.

초등학교에서는 급식을 한다.

한 달에 일정액을 학부모가 부담하는 유료 급식이 많은 가운데 일부 학교는 무료로 한다. 급식의 장점은 무엇보다 아이의 사회성을 길러준다는 데 있을 것이다. 식습관 지도를 통해 사회성을 키운다. 식단은 영양사가 세밀하게 분석하고, 학부모 모임이나 급식 운영후원회 등과 협의하는 형태가 일반적이다. 그렇게 짜인 식단에는 아이의 발육에 필요한 영양소가 골고루 포함돼 있다. 학부모 입장에선 식비 절감에도 도움이 된다.

아이의 편식을 해결하고, 사회성 지도에 도움이 되는 급식을 하는

데 교사의 힘만으로는 부족하다. 30명이 넘는 초등학교 저학년들을 교사 1명이 보호하기에는 역부족이다. 그래서 학부모들은 한 달에 한두 번 급식 당번을 한다.

그런데 맞벌이 부부가 많은 요즘, 어머니가 한 번도 빠지지 않고 학교에 나오기란 쉽지 않다. 이 경우 자주 나오는 어머니와 형평성에 문제가 생긴다. 우리 꼬마가 다닌 학교에선 당번을 못하는 어머니는 회비를 냈다. 그러다 보니 '자원봉사'가 아닌 준 조세의 성격을 갖게 됐다.

직장을 다니는 어머니는 하루 휴가를 내거나 도우미를 보내는 경우도 있다. 이런 문제점을 해결하기 위해 각 교육청에서는 '초등학교 급식 도우미 지원사업'을 실시하기도 하지만, 모든 엄마들이 다 혜택을 받는 것은 아니다.

직장을 다니는 엄마들을 위한 좀 더 세심한 행정 지원이 필요한 사정이다.

급식에 관한 생각 둘.

큰아이는 식성이 좋은 반면, 둘째는 가리는 음식이 매우 많았다. 가리는 음식이 많은 게 아니라 먹는 게 거의 없었다. 김치나 과일을 먹지 않는 것은 물론이요, 먹음직한 간식을 아무리 챙겨주어도 관심이 없었다. 밥도 또래의 절반 정도만 먹고, 반찬은 김만 먹었다. 고작 먹는 것은 햄이었다.

밥을 안 먹으면 하루 정도 모른 체 해 보기도 하고, 화를 내기도 했지만 뚜렷한 방법이 없었다. 그나마 우유를 마신다는 게 위안이었다. 삐쩍 말라가는 아들을 보면서 엄마가 할 수 있는 일은 한 가지였다. 밥그릇을 들고 다니면서 떠먹이는 것이었다. 남편은 "사흘을 굶기면 다 먹게 된다"며 내 방법에 혀를 찼지만 안 되는 것은 안 되는 것이었다. 하루를 굶겼지만 어린 것이 안쓰러워서 다음날은 밥을 떠먹이게 됐다.

이런 상황에서 초등학교에 입학했다. 무엇보다 밥이 걱정이었다. 한 달 동안 모른 체했다. 선생님에게도 아이에게도 물어보지 않았다. 관심을 갖지 않아도 아이 스스로 헤쳐 나갈 것으로 기대를 했다.

그런데 하루는 아이가 집에 오지 않았다. 귀가할 시간이 한 시간이 지났는데도 감감무소식이었다. 불안한 마음에 학교에 갔다.

1학년 교실에 두 명이 있었다. 선생님과 아이였다. 아이는 엄마인 나를 보자 "앙—" 하고 울음을 터뜨렸다.

사정은 이랬다.

선생님은 아이의 식습관을 고칠 필요성을 느꼈다. 한 달여 동안 급식의 반찬을 먹지 않고, 맨밥만 먹었던 것이다. 선생님은 몇 번을 타이르고 건강을 위해서 여러 가지 반찬을 먹어야 한다고 설명했다. 하지만 한 달 동안 아이의 식습관은 도통 바뀌지 않았다.

선생님은 설명과 설득이 안 통하자 체벌을 생각했다. 오늘 반찬 한 가지를 입에 대지 않으면 집에 안 보내겠다고 했다. 그러면 한 가지라도 입에 댈 것으로 믿었다. 하지만 아이는 맨밥만 먹은 것이다.

선생님은 이번에 아이의 식습관을 바꾸지 못하면 앞으로 더더욱 바꾸기 어려울 것으로 판단, 다른 학생들이 귀가한 후에도 아이를 설득하고 있었던 것이다.

그날 선생님과 많은 대화를 나눴다. 그리고 결론을 내렸다. 아이가 그토록 싫어하면 강요하지 말자였다. 반찬을 싫어하는데 계속 강요하면 선생님이 싫어지고, 학교가 멀어질 수 있고, 사회 적응에 문제가 있을 수 있다는 데 의견의 일치를 보았다.

대안이 필요했다. 내가 김을 매일 싸 주기로 했다. 그러면 학교 급식으로 나온 밥에 김 반찬을 먹을 것이다. 그날 이후 아이는 반찬으로 김을 준비해 갔다.

정말 싫어한다면 아무리 좋아도 시키지 않는 게 차선의 교육일 듯싶다.

새벽 1시 40분까지
학원에 있으라고요?

"학원에 보내지 않겠습니다."

중학교 1학년 아들이 다니는 학원에 전화를 했다.

"정상 학원 수업만 받게 하겠습니다. 어떻게 새벽 1시 40분까지 학원에 있게 합니까?"

그러자 상담 교사는 의외라는 듯 말했다.

"다른 아이들도 다 해요. 아드님만 빠지면 손해잖아요. 그리고 학원 방침상 전원이 정규 수업 후 자습을 하기로 돼 있어요."

도대체 이해가 되지 않았다. 밤 11시까지 학원 수업을 듣는데 거기다 또 새벽 1시 40분까지 자습을 하라는 것이다. 그것도 고등학교 3학년도 아니고 중학교 1학년 학생이다.

아들이 다니는 반은 이른바 과학고 대비반이다. 2,000여 명의 지원자 중 15명만 뽑은 이 학원의 최상급반이다. 엄마의 생각으로는 과학고가 아니라 서울대나 하버드대를 들어간다 해도 문제가 있었다. 공부 욕심 때문에 학원에 보내고, 이름난 학원에 보내려고 이사도 했지만 중학교 1학년 아이를 새벽까지 잡아놓는 것은 정말 아니지 싶었다. 학원 상담 선생님에게 오후 11시에 귀가를 시키라고 얘기를 했다.

그래도 아이의 생각을 물어볼 필요가 있었다.

"다른 아이는 새벽까지 남아 있니?"

"응, 나만 11시에 학원에서 나왔어."

그랬다. 아들을 제외한 14명은 새벽까지 남아 공부를 했다.

다음날 학원에서 전화가 왔다.

"어머니, 수학올림피아드 시험이 5월에 있으니까 그때까지만이라도 남아서 자습을 하게 하세요."

수학올림피아드 시험에서 입상하면 과학고 입시에서 유리하다. 그래서 과학고를 준비 중인 학생들은 중학교 1학년부터 중학교 3학년까지 이 시험에 매달린다. 이 학원도 중학교 1학년 최상급반 아이들에게 이 시험을 대비시키는 것이다. 학원 강사도 그때까지 남아 자습하는 아이들이 질문을 하면 같이 생각하며 도와준다. 어쩌면 고마운 일이다. 돈을 더 안 내고 자습하게 해주어, 실제로는 가정교사와 같은 개인지도를 해주기 때문이다.

그러나 아무리 생각해봐도 무리였다. 새벽 1시 40분에 학원에서 나서면, 집에 와 씻기만 하고 곧바로 침대로 간다고 해도 2시 30분에서 3시 사이에 잠들 것이다.

다음날 7시쯤 일어나 등교 준비를 해야 한다. 잠을 잘 시간이 없다. 그렇다면 새벽의 교육 효과는 물론이고, 학교의 수업 효과도 떨어질 수밖에 없다.

아들에게 다시 물었다.

"다른 아이들은 졸립다고 하지 않니?"

"응, 애들 학교에서 다 자."

"그러면 학교 수업 효과가 떨어지잖아."

"학교 수업은 별거 아냐. 학원에서 어려운 문제를 푸는 게 중요하지."

아들의 생각이 옳은 것은 아니었다. 학교에서 기초를 충실히 닦은 뒤 학원에서 응용 문제를 푸는 게 바른 길이라고 설명했다. 그래야 고등학교 3학년까지의 긴 승부에서 이길 수 있다고 말했다.

"너는 어떻게 할래?"

엄마의 질문에 아이는 잠시 망설이더니

"엄마가 하라는 대로 할께."

라고 답했다.

그래서 원래대로 밤 11시까지만 학원에 있도록 했다. 과학고 가는 것은 좋지만 우선 중학교 1학년 때에는 키가 크고 튼튼해지는 게 더 좋다는 믿음이 있었다.

이 일이 있은 지 두 달이 지난 2009년 7월, 서울시교육청은 학원 야간 교육을 밤 10시로 제한했다.

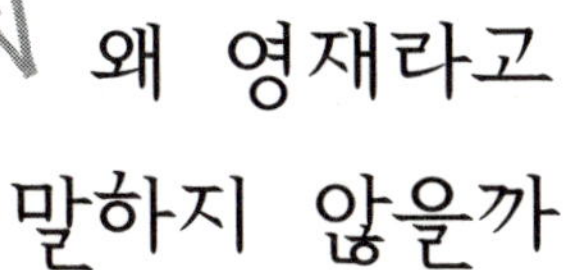

왜 영재라고
말하지 않을까

궁금했다.

이렇게 영리한 우리 아이에게 왜 영재라고 말하지 않을까. 학부모 참관수업에 간 나에게 유치원 원장님은 딸의 천재성을 전혀 언급하지 않았다.

"어머니, 아이가 참 차분하죠. 신중하고 학습능력이 좋아요."

내가 기대한 이야기는 그게 아니었다. 공식적인 코멘트가 아니었다. 적어도 내 딸에게는 '천재'는 아니어도 '영재'나 '수재' 가능성을 운운해 주기를 희망했다.

그러나 참관수업이 끝날 때까지 원장님도, 다른 선생님도 기대하던 말을 하지 않았다. 엄마가 생각할 때에는 정말 영재성이 엿보이는 아인데…….

딸은 다섯 살 때 한글을 뗐다. 교재 없이 한글을 알았다. 주위에는 말하지 않았다. 믿지 않을 게 뻔했고, 나아가 딸 자랑을 한다고 할 것이 분명했기 때문이다. 당시 TV에 '방울이'라는 드라마가 방송됐다. 우리 부부는 그 드라마를 즐겨 봤다. 아이도 습관적으로 보았다. 내용 전개를 알았다.

드라마 시작 전에 한글로 크게 '방울이'라는 자막이 먼저 흐른다. 몇 번 방송을 본 아이는 "엄마, 저게 방울이야?"라고 물었다. "그렇다"고 대답했다. 다음날도 물었고, 며칠 후에는 자연스럽게 '방' '울' '이' 석 자를 알게 됐다.

이후 드라마를 보면서 글자가 나오면 꼭 물었다.

"엄마, 저건 무슨 글자야?"

그때마다 글자를 알려줬다. 하나를 알고, 하나를 더 알면서 아이는 모르는 글자도 드라마 내용을 보고 유추하기에 이르렀다.

한글을 한 달도 안 돼 스스로 깨우쳤다. 글을 읽을 줄 아는 아이는 책을 보았다. 당연히 또래 아이보다 아는 게 많았다. 이 상태에서 유치원에 들어갔다. 유치원에서도 두각을 나타내리라고 의심치 않았다.

하지만 원장님이나 선생님은 전혀 그런 말을 하지 않았다. 은근히 유도하는 질문을 던져 봤지만 끝내 기대하던 답은 들을 수 없었다. 풀이 죽어 집으로 돌아왔다.

"에이, 유치원을 옮겨버려!"

이런저런 생각이 들었다.

아이에 대해 곰곰이 생각해보았다. 유치원에서는 읽기 능력뿐 아니라 놀이를 통한 공간 지각 능력, 유추력, 연산력 등 다양한 분야를 종합적으로 체크하고 계발하기 위해 노력한다. 딸은 읽기 능력에서는 다른 아이들보다 빨랐지만 다른 부분에서는 크게 두드러지지 않았던 것이다.

그래서 원장님이나 선생님이 볼 때 영재나 수재라고 말할 수 있는 부분이 보이지 않았으리라. 천재, 영재, 수재 중 하나라고 생각했던 엄마의 과도한 기대 때문에 딸에 대한 굳은 확신(?)이 무너진 첫 사건이었다.

chapter 3

엄마는 아이의 내비게이션이다

자녀를 제대로 아는 부모는 진정으로 현명한 사람이다.

—셰익스피어

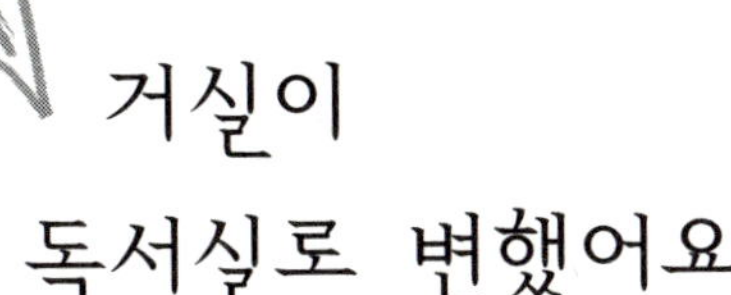

거실이
독서실로 변했어요

"그만 해라."

컴퓨터에 몰입한 아들에게 이렇게 말하면 얼굴에 금세 짜증이 붙는다. 아들이 초등학교 3학년 때 컴퓨터를 너무 많이 했다. 엄마 말 잘 듣는 아이였는데 컴퓨터를 가까이 할 때에는 다소 다른 아이로 변했다. 컴퓨터를 1시간 하기로 약속했지만 제대로 지켜지지 않았다. 10분, 20분 넘기는 게 일쑤였다. 그것도 엄마가 제지를 시켜야 가능했다.

아들이 컴퓨터에 빠진 1차 책임은 나에게 있었다.

집안일이나 운동 때문에 집을 비울 때가 많았다. 혼자 있는 아이가 안쓰러워서 "컴퓨터를 1시간만 해라"라고 했던 게 아이가 컴퓨터에 빠지는 계기가 된 것이다. 컴퓨터 게임에 몰입하기 전엔 책을 자주 보던 아이였는데 책 읽는 횟수도 점점 줄었다.

결단이 필요했다.

나는 컴퓨터를 아들 방에서 거실로 옮겼다. 거실에서 컴퓨터를 하면 시간을 엄수할 가능성이 높기 때문이다. 어느 정도 효과는 있었다. 하지만 컴퓨터에 관심을 가진 아이의 마음을 돌리는 것은 한계가 있었다.

그래서 다음으로 거실을 서재로 꾸몄다.

거실의 TV를 안방으로 옮기고, 거실의 벽을 책장으로 꾸몄다. 그리고 거실에서 남편은 신문을 보고, 나는 가사에 전념했다. 책은 거의 아이들의 교재와 참고서, 동화, 위인전 등이었다. 남편은 수시로 책을 사와 거실에 비치했다. 1학년 때부터 책을 많이 사주었기에 거실의 책은 순식간에 1천여 권에 육박했다.

TV가 사라지고 컴퓨터 사용을 통제하자 아들은 책을 보기 시작했다. 한 달여가 지나니까 컴퓨터를 하게 해달라고 조르지도 않았다. 그 사이 책에 재미를 붙인 것이다.

초등학교 5학년
어학연수 적기다

아들이 초등학교 5학년이던 2007년 10월 말.

6개월 일정으로 아들을 미국 애틀랜타로 보냈다. 한국인 가정인데 낮에는 학교에 다니고, 밤에는 집에서 영어 과외를 한다.

아이를 초등학교 5학년 가을에 보낸 것은 몇 가지 이유가 있다.

먼저, 영어를 배우기에 최적 시기다. 어학 학습은 어릴수록 좋다는 학설도 있지만, 우리말을 완벽하게 구사한 뒤 배우는 것이 좋다는 게 일반적인 견해다. 초등학교 5학년이면 한국어와 한글 사용이 완전하게 틀이 잡힌 상태다.

둘째, 열두 살이면 사물을 분별할 수 있다. 부모가 얼마나 어렵고 힘들게 외국에 보내는지를 알 수 있는 나이다. 초등학교 2, 3학년은 부모 입장을 생각하기 어렵다.

셋째, 이 시기면 가벼운 문제는 스스로 응급조치를 할 수 있다. 외국인이나 한국인 친구와의 관계에서도 '해도 될 일'과 '해서는 안 되는 일'을 안다.

넷째, 꿈을 설정할 수 있는 나이다. 어른이 돼 무엇을 해야 할 것인가를 어렴풋하게나마 설정할 수 있는 시기다. 이때의 해외 경험은 평생의 재산이 될 수 있다.

다섯째, 학습 연계에 지장이 덜하다. 초등학교 6학년 때 보내면 중학교 학습에 문제가 될 소지가 있다. 그러나 초등학교 5학년 가을에 보내 6학년 봄에 오게 하면 학습에 별 문제가 생기지 않는다. 중학교 때 보내면 한국에서 공부한 다른 아이를 따라가는 데 힘들 수 있다.

2년 전에 딸도 그 집에 보냈었다. 딸과 같은 학교에 다닌 아이의 부모가 미국으로 이민을 가 홈스테이를 하는 덕분이었다. 그곳에서 5학년 겨울방학을 포함해 4개월 동안 머물렀다. 그곳에서 낮에는 현지 초등학교를 다니고, 밤에는 과외를 했는데 아주 효과적이었다. 6학년이 돼 돌아온 아이는 영어에 대한 공포감을 극복한 것은 물론이고 자신감을 보였다.

그래서 아들도 보냈다. 그런데 아들과 딸은 큰 차이를 보였다. 딸은 "돈이 얼만데, 열심히 해야지"라고 말하곤 했다. 그리고 학교에 가서도 영어 단어를 외우면서 아주 열심히 공부했다.

그곳 학교에는 한국 학생이 몇 명 있었다. 오죽하면 미국인 선생님이,

"한국 아이들이 너무 경쟁적이어서 문제다. 학교에서는 놀아야 된다."

며 한국인 하숙집 아주머니에게 지도를 요청하기도 했었다.

그런데 2년 후 아들은 정반대다. 엄마 품을 떠난 해방감에 들떠 노는 데 시간가는 줄 모른다. 매일 집에서 보는 영어 단어 시험에서 틀려도 긴장감을 느끼지 않는다. 그저 노는 데 정신이 팔려 있다. 하숙집 아주머니가 웃으면서 걱정을 할 정도다.

그러나 한 달이 지나니까 학교에서 조금씩 입이 트였다. 어차피 언어는 그곳에서 부대끼면서 배우는 것. 단어 몇 개 외우는 데 신경을 안 써도 크게 문제 될 것은 없었다. 영어와 미국 문화를 스쳐가면서라도 익히고 보면 된다. 그것이 자신감으로 이어지니까.

아들이 공부를 하든 안 하든, 말을 하든 안 하든, 초등학교 5학년이면 세상을 보는 눈이 커지고, 세상에 대한 생각도 성숙해 있다. 그래서 외국에 보낸다면 이 시기가 최적기일 것이다.

미국 홈스테이는
만족도가 다르다

미국에서 홈스테이를 하는 친구가 있다.

그녀의 딸은 한국에서 내 딸과 같은 학교에 다녔었다.

다른 집에 비해 가격도 싸고 친절해 인기가 있다. 또 인근 학교에서 매일 픽업을 하고, 밤에는 현지인을 불러 과외를 시킨다. 교육 효과가 아주 크다.

딸을 초등학교 5학년 때인 2005년 11월에 이 집에 보내 효과를 봤다. 그래서 2년 뒤 아들도 5학년 말에 보냈다. 아이들도 재미를 붙여 영어 실력도 늘었다.

그러나 한두 학부모는 불만도 있었다. 어쩐 일인지 한 학부모와는 궁합이 맞지 않았다. 아이가 미국에서 잘 적응을 하지 못한 탓이다.

초등학교 5학년 어린이가 3개월쯤 지난 뒤,

"미국 생활이 재미없어. 학교에서도 친구들이나 선생님의 말을 알아듣기 힘들어."

하며 불만을 털어놓기 시작했다.

이때 부모의 행동이 참 중요하다. 아이를 달래면서 왜 미국에 갔는가를 분명히 인식시켜야 한다. 하지만 이 학부모는 아이의 말만 믿고 홈스테이를 하는 아주머니가 미국 생활을 잘못 지도하고 있다고 지레짐작했다. 은근히 하숙집에 대한 불만이 내재돼 있었다.

그러던 어느 날, 하숙집 아주머니의 주선으로 미국인 집에 홈스테이를 하던 아들과 통화를 했다. 아들은 미국인 집에 대한 불만을 털어놓았다. 아이의 말을 들은 엄마는 짜증이 났다.

하숙집 주인과 통화할 때, 항의를 했다. 하숙집 아주머니 입장에선 당혹스러웠다. 아이가 불만이 있는 것은 당연하다고 생각했다. 그게 커 가는 과정이라고 믿었다. 문화가 다르고 환경이 다른 미국에서 아이들이 생활하다 보면 맞지 않는 게 많다. 그것을 이겨내며 공부를 하는 게 대부분의 아이들이다.

홈스테이 집주인 입장에선 전혀 문제될 게 없는 내용인데, 그런 아이의 사소한 불만에 대해 한국의 엄마가 '오냐, 오냐' 하는 것을 넘어 항의 까지 하니까 불쾌해졌다. 두 사람이 은근한 신경전을 하다가 미국 홈스테이를 하는 친구가 말했다.

"네, 됐습니다. 미국인 집에 갈 아이들 줄 서 있습니다. 얘는 제 집으로 다시 불러들이겠습니다."

상한 마음을 그대로 말로 드러낸 것이다. 하지만 영업을 하는 입장에선 자제를 했어야 했다. 억울한 면이 있겠지만 무난하게 사태를 처리해야 한다. 한 사람 뒤에는 250여 명의 사람들이 있기 때문이다.

결혼식이나 장례식 때 특정인을 보고 찾는 사람은 평균 250명쯤 된다. 따라서 한 사람에게 인정을 받으면 200~300명으로부터 좋은 평가를 받을 수 있다. 반면에 한 명을 적으로 만들면 수백 명과 적대시할 수 있다. 이런 점에서 친구의 대응은 서투른 셈이다.

불만 있는 한 사람의 엄마가 문제가 아니다. 그 엄마가 퍼뜨릴 말의 위력이 진짜 문제다. "그 집, 안 되겠어"라고 말을 하면 주위 사람들은 움직이지 않을 것이다. 불안한 마음으로 어떻게 아이를 그 집에 보내겠는가. 미국에는 홈스테이를 하는 집이 한두 집이 아닌데.

엄마는 많은 돈을 들여 아이를 미국에 보낸 이유를 되새겨야 했다. 주된 목적은 영어를 배우는 것이지만 그에 못지않게 그들의 생활을 보고 익히게 하는 것도 중요하다. 미국에서 아이가 어려움을 스스로 헤쳐 나가도록 격려하고 용기를 북돋아주지 않았던 엄마의 행동이 아쉽다. 홈스테이는 만족도가 다 다르다. 이는 만족하는 아이도 있고, 그렇지 않은 아이도 있다는 뜻이다. 엄마가 긍정적인 눈으로 보면 내 아이도 만족하는 홈스테이를 할 가능성이 높다.

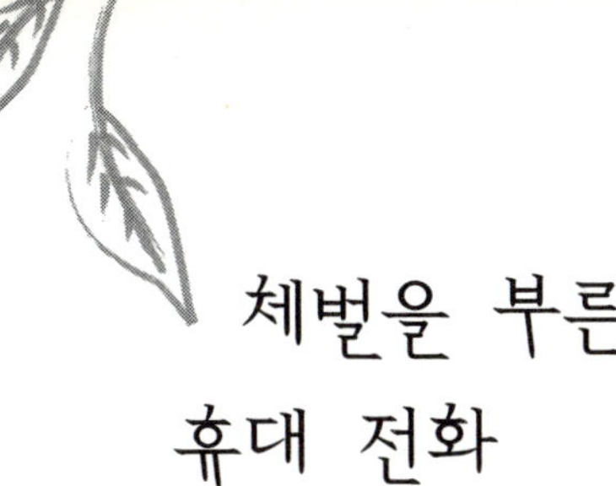

체벌을 부른
휴대 전화

"체벌이 옳으냐, 그르냐?"를 물으면 대부분의 사람은 "아니오!"라고 답할 것이다. 그런데 세상의 엄마들에게 "아이에게 감정적으로 매질을 한 적이 있는가?"라고 물으면 아마도 대부분 손을 들 것이다. 아무리 선하고 신앙심이 깊은 엄마라도 한두 번은 비껴갈 수 없는 게 체벌이다. 엄마도 사람이기에 100번에 몇 번은 감정이 개입될 수 있다.

초등학교 6학년인 딸에게 휴대 전화를 사주었다. 딸 친구들이 거의 다 갖고 있었고, 긴급하게 연락을 취할 일이 생길 때를 고려해서 선물했다.

그런데 엄마의 의도와는 달리 휴대 전화로 내려받은 게임을 하는 시간이 늘었다. 며칠이 지난 뒤에는 자기 방에 들어가 문을 잠그고 친구들과 문자를 주고받았다. 밤 11시만 되면 자던 아이가 친구들과 문자를 주고받는 재미에 푹 빠져, 불을 끈 뒤에도 자정까지 문자를 하는 날이 늘었다.

몇 번 훈계를 하고, 경고를 했다. 하지만 문자 주고받기에 빠진 아이는 엄마의 말에 큰 관심을 보이지 않았다. 입으로만 "알았어"라고 하고, 눈치를 살살 보면서 문자를 주고받았다. 엄마가 휴대 전화의 문자 내용을 볼까 봐 아예 비밀번호를 바꿔 암호까지 걸었다.

하루는 이 일로 마침내 폭발을 했다. 사실 이날은 내 컨디션이 좋지 않았다. 그래서 이성적인 폭발을 넘어 감정까지 개입된 것이다. 훈계에서 체벌로 이어졌다. 처음엔 마음이 아팠지만 매로 때리다 보니, 아이의 표정에 더욱 감정이 격앙됐던 것이다.

그날로 휴대 전화를 압수했다. 아이는 자기 방에 들어가 문을 잠그고 몇 시간 동안 울었다. 저녁도 먹지 않았다. 나도 하루 종일 누워 있었다. 그날 집 식구들은 아무도 식사를 하지 않았다. 난 아이에게 짜증이 났고, 나 자신에게 더 짜증이 났다.

엄마가 분노하는 모습을 본 아이는 그 후 휴대 전화에 미련을 두지 않았다. 몇 번 숨겨 놓은 휴대 전화를 찾으려고 시도는 했지만, 이내 포기했다.

중학생이 된 아이에게 휴대 전화를 다시 사주려고 했으나 아이는 필요 없다고 했다. 휴대 전화를 사용하지 않아도 큰 문제점이 없다고 했다. 많은 학부모들이 정도의 차이는 있겠지만 휴대 전화로 인해 자녀와 갈등이 있었을 것이다.

　실제로 학교에서 많은 문제가 발생한다. 수업 중에 휴대 전화로 문자 보내는 경우가 흔해 학생들이 공부에 집중하기 어렵다. 휴대 전화를 만지는 학생이 있으면 교사는 바로 압수해 하루 정도 보관한 뒤 돌려준다. 그런데 그 시간을 학생은 고통스러워한다. 어떤 아이는 불안해하고, 어떤 아이는 공격적인 성향까지 보인다. 이미 휴대 전화에 중독이 된 탓이다.

　실제로 중·고등학생들은 휴대 전화로 자기 과시를 하는 경향이 짙다. 생활이 어려워도 최신형 휴대 전화를 갖고 있는 학생이 적지 않다는 게 교사들의 이야기다.

　얼마 전 공익광고협의회는 '휴대 전화의 노예들'이라는 광고를 했다. 그 내용을 옮겨본다.

혹시 당신도?

한 고등학교 1학년생 276명을 대상으로 실시한 설문조사 결과 80명(29%)은 휴대 전화가 없으면 불안을 느낀다고 했고, 126명(45.7%)은 불안하지 않지만 생활에 불편을 느낀다고 답했다.

－ 공익광고협의회의 광고 －

휴대 전화의 원래 기능은 전화기로서의 역할이다. 하지만 청소년들에게는 주기능이 오락기, 게임기가 됐다. 이제 휴대 전화가 생활의 필수품이 됐지만 공중전화도 있고, 집 전화도 있다.

물론 일부 부모는 아이가 사라질 수도 있는 위험한 경우에 대비해 위치 추적 기능에 무게를 두고 휴대 전화를 사주기도 한다. 또 우리 애만 휴대 전화가 없으면 기죽는다는 게 이유다.

어린이의 휴대 전화 사용은 장단점이 있지만, 분별력이 약하고 자극적인 것에 민감한 청소년에게 휴대 전화는 득보다 실이 많은 것 같다.

당시엔 휴대 전화 때문에 체벌을 했지만 엄마인 나도 반성을 했다. 체벌에도 상처를 덜 받게 하는 방법을 고려하지 않았기 때문이다. 체벌의 5원칙을 소개한다.

- 체벌의 5가지 원칙 -

1. 벌의 내용을 알려준다. 아이가 왜 체벌을 당하는지 알아야 잘못된 감정을 갖지 않는다.
2. 잘못에 적절한 벌을 준다. 잘못에 비해 너무 강한 벌을 주면, 다음에 더 큰 체벌을 하는 문제가 발생한다.
3. 신체적 체벌을 대체할 방법을 생각한다. 신체적 체벌은 감정이 개입된다. 따라서 아이가 좋아하는 것을 금지하는 등의 대체 체벌이 좋다.
4. 일관성이 있어야 한다. 부모의 감정에 따라 체벌의 경중이 달라지면 안 된다. 그러면 믿음이 무너진다.
5. 벌은 즉각 준다. 잘못했을 때 이유를 설명하면서 벌을 줘야 효과적이다. 다음에 벌을 가하면 반성 대신 반감을 불러일으킬 수 있다.

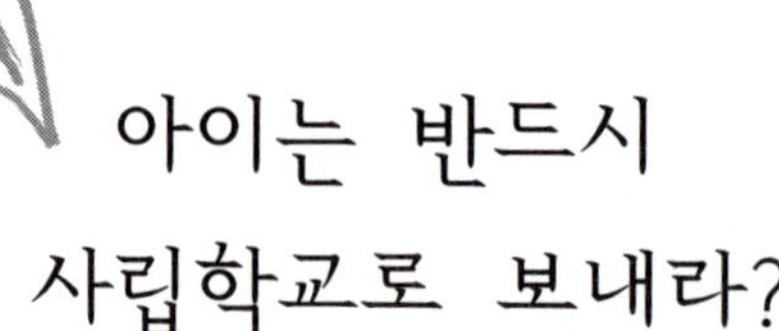

아이는 반드시
사립학교로 보내라?

딸이 여덟 살이 됐다.

당연히 공립학교에 보낼 생각이었다. 마침 위층의 아주머니를 만났다. 사립초등학교 3학년에 다니는 딸을 둔 학부모였다. 그분은 한마디로 사립학교에 보내라고 잘라 말했다.

자신의 경험담을 풀어놨다. 중학교 1학년인 아들을 공립학교에 보냈는데 행사 때마다 고민스러웠다고 했다. 스승의 날이나 체육대회 때 괜히 눈치가 보여 봉투를 준비했다. 봉투를 내밀지 않은 때도 있었지만 절반 정도는 자유롭지 못하다고 했다. 또 특기적성 교육을 위해 학원에 보내는 비용도 만만찮다고 했다.

그런데 동생을 사립학교에 보내니까 그런 문제가 한번에 해결됐다고 했다. 학교에서는 절대로 촌지를 받지 않았고, 정말 사랑으로 아이를 감쌌다는 것이다. 학비 부담이 있지만 아이를 학원에 보내는 것을 감안하면 그리 비싼 편이 아니라고 했다.

우리 가족은 종교인은 아니지만 집 근처의 종교재단에서 운영하는 사립학교에 딸을 입학시켰다.

'돈이 좀 들더라도 애 교육만큼은……'하는 생각이 컸다. 경제적 부담은 되었지만 선생님들은 정말 교육관이 투철했다. 촌지는 일절 없었다. 또 학교에서 특성화 교육을 하기 때문에 특별히 학원에 보내야 하는 필요성을 크게 느끼지 못했다.

전국의 공립초등학교는 5,200여 개다. 사립초등학교의 수는 76개로 전체의 1.5%에도 못 미친다. 이중 서울에 40개 교가 있고, 상대적으로 강북지역에 몰려 있다. 사립초등학교의 경우 학교 운영비 대부분을 학생의 납입금으로 충당한다. 같은 사립이라 해도 학교마다 비용은 편차가 있는데 수업료와 급식비, 특기적성 교육비 등을 포함해월 50만 원 가까이 냈다.

아이가 다닌 학교는 다양한 특활 시설과 원어민 영어교육이 강점이었다. 전반적으로 만족할 만했다.

그래서 둘째도 이 학교에 보냈다. 두 아이가 졸업하는 동안 교육비 부담이 컸다. 그래도 중간에 전학시킬 수도 없는 일. 6년 동안 두 아이를 보낸 뒤, '이 돈을 모아 아이에게 주었으면 더 현명하지 않았을까?'라는 생각이 들었다.

그러나 더 이상 생각을 하지 않기로 했다. 좋은 선생님을 만나 아이들이 밝게 자랄 수 있었으니까. 또 아이들이 사립초등학교 출신이라는 은근한 자부심을 느끼기도 했다.

만약에 누군가 "사립에 보낼까요?"라고 물으면 경제적 여유가 있으면 보내라고 말하고 싶다. 공립학교도 촌지를 안 받는 교사가 대부분이고, 사립이나 공립이나 큰 사랑으로 헌신적으로 교육하는 선생님들이 많다. 선생님 능력과 사랑에는 차이가 없다. 물론 특성화교육 등 환경에서는 차이가 있다. 그러나 경제력이 버겁다면 구태여 사립학교에 갈 필요는 없을 듯하다. 큰 차이를 느끼지 못하고 사립에서 공립으로 전학시키는 부모도 많다.

chapter 4

엄마는 공부 매니저다

자녀에게 침묵하는 것을 가르치라. 말하는 것은 어느새
쉽게 배워 버린다.

—B. 프랭클린

중학교 첫 시험,
초두효과다

엄마가 아이 교육을 위해 가장 신경 써야 할 시기는 언제일까.

초등학교 4학년과 중학교 1학년이라고 할 수 있다. 초등학교 4학년 때에는 교과 수준이 한 단계 업그레이드 된다. 1, 2, 3학년과는 다른 차원이다.

그래서 이 시기에 공부하는 힘을 키워 놓으면 평생 가지고 갈 가능성이 높다. 역으로 약간 어려워진 이때 이해력, 사고력, 표현력 등에서 뒤떨어진다면 계속 힘든 걸음을 할 수 있다. 이 시기에 갖추어진 실력이 평생을 가는 저력이 된다. 엄마가 4학년 때 아이의 학습에 관심을 기울여야 하는 이유다.

또 한 번의 공부 인생의 전환점은 중학교 1학년 중간고사다. 초등학교 시험은 난이도가 낮기 때문에 책을 몇 번 본 아이나 많이 본 아이나 점수 차이가 크게 나지 않는다. 이에 비해 중학교 시험은 공부한 아이와 그렇지 않은 아이의 점수가 분명하게 차이 난다.

중학교 첫 시험인 1학년 중간고사는 무조건 잘 봐야 한다. 이때 좋은 성적을 내면 순항궤도에 접어든다. 특별한 변수가 없다면 같은 속력으로 고교 3학년 때까지 달릴 수 있다. 마음속으로 자신의 등급이 정해지기 때문이다. 가령 반에서 1등을 했으면, '아, 내 실력이 1등이구나'라고 믿는다.

또 1등을 했기에 교사와 학생들로부터 관심을 받는다. 관심을 받기에 수업 시간에 선생님으로부터 질문도 많이 받고, 대답을 하기 위해 준비하고, 또 잘 대답해서 자신감이 상승하는 등 더욱 좋은 모습으로 발전한다. 다음 시험도 잘 볼 가능성이 높아진다. 첫 시험, 두 번째 시험 등 몇 번만 잘 보면 그게 실력으로 굳어진다.

그러나 첫 중간고사에서 10등, 20등 정도 하면 '내 실력이 이것이구나'라고 스스로를 중위권 학생으로 치부한다. 다음 시험에서 15등을 하면 이제 당연하게 받아들인다. 결국 고교 때까지 중간 등수의 아이로 계속 이어질 수 있다.

그래서 부모는 중학교 1학년 아이가 중간고사를 보기 전에 꼼꼼하게 학습 진도를 체크하고, 시험을 잘 볼 수 있도록 관심을 보여야 한다. 초등학교 졸업 후 겨울 때 선행 학습이 중요하다. 한 번 했던 공부를 중학교 때 또 하면 다 아는 내용이기에 교사의 이야기를 거의 이해할 수 있다. 잘 대답할 수 있기에 수업에도 흥미를 붙일 수 있다. 만약에 선행 학습이 안 됐다면 입학한 3월부터 시험 보는 5월까지 매일 같이 공부하는 것도 한 가지 방법이다. 엄마가 두세 달 같이 공부하는 게 향후 10년을 꾸준히 뒷바라지 하는 것보다 더 효과적일 수 있다는 말이다.

심리학에서 초두효과란 말이 있다. 처음의 것이 강렬하고 인상적이라는 것이다. 첫 시험을 잘 본 아이. 선생님에게도, 친구에게도, 자신 스스로에게도 강한 인상을 심어준다. 1등이라는.

초두효과는 먼저 알게 된 정보가 나중에 알게 된 정보보다 더 영향력이 큰 것을 말한다. 이는 처음에 입력된 정보를 바탕으로 다음 정보를 해석하려는 경향 때문이다. 또 정보가 접수되면 다음 정보가 처리될 때에는 집중력이 떨어진다는 설도 있다.

초두효과는 특히 사람에 대한 평가 때 많은 영향을 미친다.

예를 들어, 처음 만났을 때 성실하다는 느낌을 받았을 때와 그렇지 않았을 때와의 차이는 다음 정보를 받아들일 때 크게 벌어진다. 가령 '머리가 뛰어나다'는 정보를 받았을 때, 성실하다는 인상의 경우에는 똑똑할 것이라는 이미지가 강하다. 반면에 불성실하다는 이미지를 받았다면 교활이라는 부정적인 생각을 갖는 경향이 있다.

학습에서 초두효과와 함께 중요한 것이 최신효과다. 초두효과와는 정반대로 가장 최근, 즉 시간적으로 나중에 제시된 정보가 잘 기억되는 게 최신효과다. 따라서 학생의 경우 첫 시험을 잘 봐야 학생과 교사 사이에 '공부 잘하는 학생'으로 각인되는 데 유리하다.

또 공부를 잘하기 위해서는 쉬는 시간을 자주 가져 최신효과를 여러 번 경험하는 것도 좋은 방법이다.

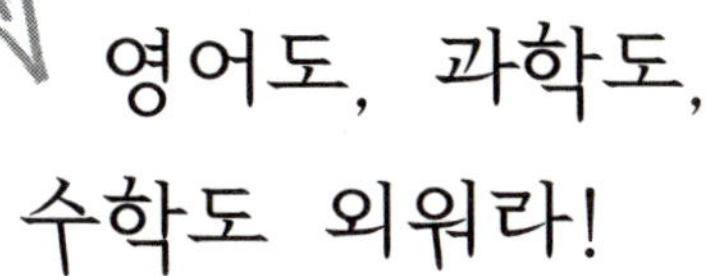

영어도, 과학도, 수학도 외워라!

중학교 1학년 첫 시험이 일주일 앞으로 다가왔다.

다행히 딸 아이는 열심히 공부했다. 하지만 옆에서 보는 엄마가 안타까웠다. 워낙 기초 실력이 떨어졌기 때문이다. 초등학교 때 책을 거의 읽지 않은 탓에 큰 그림, 즉 숲을 보지 못했다. 책상에 앉아 있지만 전체 개념을 이해하지 못한 채, 작은 부분인 나무만 보는 것이었다.

남편이 쉬는 날이었다.

아이가 사회 공부를 하다가 아빠에게 질문을 한다.

"아빠, 내륙지방이 뭐야?"

남편은

"바다에서 멀리 떨어진 고장을 말하지."

라고 차분하게 설명했다. "아하, 그렇구나"라고 말하는 딸.

하지만 남편의 얼굴에는 순간적으로 상심의 표정이 스쳤다. 기초가 전혀 없다고 느끼는 듯했다. 이를 알지 못하는 아이는 몇 가지를 더 물었다. 친절한 아빠의 설명에 "네, 알았어요"라고 한다.

시험은 하루에 두 과목이나 세 과목을 치른다. 아이는 일주일 전부터 공부에 몰두했다. 이해를 하지 못하지만 외웠다. 사회도, 영어도, 과학도, 심지어 수학도 외웠다.

기적이 일어났다. 아이가 학급에서 1등, 전교에서 5등을 한 것이다. 개념을 이해하지 못했기에 시험을 본 뒤에는 문제를 풀지 못했다. 암기의 효력이 떨어진 것이다.

기억에는 장기기억과 단기기억이 있다. 사람의 기억력엔 한계가 있는데 한 시간이 지나면 56%, 하루 뒤엔 64%, 한 달이 지나면 70%가 지워진다는 보고가 있다.

하지만 시험 기간에는 답을 썼다. 책을 안 읽고, 기초가 약한 아이가 있다. 어떻게 해야 하나? 방법은 무조건 외우는 것이다. 내용을 몰라도 된다. 외우고 또 외우면 알게 된다. 수학도 외우면 어느 정도까지는 알게 된다. 특히 중학교 1학년 수학은 아직 초급이기에 외우면 해결될 수 있다. 아이를 지켜보면서 가장 원시적인 방법이 때로는 지름길임을 알게 됐다.

모르면 외우자! 이것이 내가 아이를 키우면서 터득한 공부법이다.

이제 아이와 함께 한 효과적인 암기 방법 10계명을 소개한다. 많이 알려진 방법도 더러 있는데, 아이와 함께 직접 해보면 효과가 좋을 것이다.

첫째, 머리글자만 따서 잇는 것이다. 예를 들어 호랑이, 코끼리, 사자, 자라, 오랑우탄, 고래를 암기해야 한다면 '호코사자오고'로 축약해서 외운다.

둘째, 외워야 할 내용에 의미를 부여한다. 예를 들어 '플랜테이션 농업'의 경우 말레이시아나 브라질에 간 친구를 연상하면서 외우면 좋다.

셋째, 노랫말에 빗대어 외운다. 암기해야 할 내용을 친근한 노랫말에 대입하여 유사하게 만드는 것이다.

넷째, 대조법을 활용한다. 반대되는 개념의 경우 하나만 외우면 다른 쪽은 쉽게 떠오른다. 대조법을 활용하면 노력을 절반으로 줄일 수 있다.

다섯째, 남에게 가르쳐준다. 가장 확실한 방법이다. 남에게 알려주면서 외우게 된다.

여섯째, 그룹으로 나눈다. 비슷한 것끼리, 또는 같은 것끼리 그룹으로 나눠 큰 묶음으로 암기한다.

일곱째, 그림으로 만든다. 시각화는 암기에 유효한 수단이다. 공부할 내용을 그림으로 표현하면 절로 외워진다.

여덟째, 최신효과를 활용한다. 공부의 마지막 부분은 머릿속에 잘 각인된다. 따라서 외워야 할 부분을 가장 마지막에 배치한다.

아홉째, 초두효과를 이용한다. 처음 부분이 잘 기억되는 게 초두효과다. 최신효과와 달리 암기 부분을 맨 앞에 배치한다.

열째, 시간 순으로 외운다. 연대기 등에 효과적이다. 시간이나 공간 순으로 암기하면 하나를 알고 나서 실타래처럼 풀리는 특징이 있다.

초등생도
숙제 알바를 한다

"아빠, 나 오늘 200원 벌었다."

별로 말이 없는 초등학교 5학년인 아들이 입을 열었다. 아빠는 아이가 더 말을 하도록 짐짓 못 들은 척 했다.

그러나 아빠의 기대와는 달리 아이는 더 이상 말을 하지 않았다. 자랑을 하고 싶은 기대 심리가 아빠의 계획된 무관심으로 깨졌기 때문이리라.

책을 보고 있던 아이는 엄마가 돌아오자 또 말을 했다.

"나, 200원 벌었다." 엄마는,

"무슨 일인데. 돈을 주었니?"

라며 반응을 보였다.

아이는 신이 났다. 막혔던 말문이 트였다.

"우리 반 예원이한테 벌었어. 예원이가 수학 학원 숙제가 있는데, 문제를 풀지 못하겠다면서 나에게 부탁을 했어. 내가 보니까 어렵지 않은 문제더라구. 그래서 물었어. '문제 풀어주면 너는 뭐해줄 건데?' 하니까 예원이는 돈을 주겠다고 했어. 그래서 문제를 풀어줬더니 200원을 주더라구."

나는 조심스럽게 물었다.

"한 쪽이나 되는 수학 문제를 풀었는데 고작 200원이야?"

아이는 말했다.

"예원이가 200원이 자기가 가진 전부라면서 준 거야."

나와 남편은,

"우리 아이가 남들은 대학생 때 하는 아르바이트를 벌써 하네."

라며 사기를 북돋아줬다.

그런데 며칠 뒤 아이는 또 말했다.

"나, 200원 벌었다."

이번에는 같은 반 남자 친구인 민채한테 받은 것이었다. 민채도 학원의 수학숙제를 부탁했다. 그리 어렵지는 않은 문제였지만 다른 숙제가 밀려 학원 숙제까지는 할 시간이 없다는 설명이 곁들여졌다. 역시 한 쪽 분량의 문제였다. 아이는 숙제를 대신해줬다. 그리고 200원을 받았다.

아이가 말을 하지 않아 200원을 받은 경위는 모른다. 아이가 먼저 200원을 요구했을 수도 있다. 아니면 여자 친구의 선례를 알고 민채가 먼저 200원을 제시했을 수도 있다.

처음에 200원을 받아왔을 때에는 가볍게 웃어넘기는 수준에 그쳤다. 교육청 수학 영재인 아들이 다른 친구들의 숙제를 해주고, 또 능력을 친구들이 인정했다는 생각 때문이었다. 그리고 돈을 버는 기쁨과 과정을 조금은 느껴가고 있구나란 생각에서였다.

그러나 두 번째 돈을 받아왔을 때에는 좀 깊은 생각이 들었다.

- 친구에게 돈을 받고 문제를 풀어줘야 하나?
- 친구의 부모가 이 사실을 알면 어떻게 생각할까? 친구 부모는 아들이 많은 것을 배우도록 돈을 들여 학원에 보낸다. 그런데 학원 숙제를 다른 친구에게 200원을 줘 부탁을 한다.
- 돈은 건전한 근로를 통해 벌어야 하는데 친구가 해야 할 숙제를 돈을 받고 해주는 것은 문제점이 있지 않은가?
- 여러 문제를 풀었는데 200원은 노력에 대한 대가로는 부족하지 않은가?
- 이런 행위가 계속될 때 친구로부터 왕따는 당하지 않을까?

여러 생각을 하던 남편은 말했다.

"아들아, 200원은 노력의 대가로는 부족하지 않니. 어려운 문제는 500원을 받고, 쉬운 문제는 100원을 받으면 어떨까."

달리 말할 것이 생각나지 않아 돈을 받은 것은 바람직하지 않다는 우회적인 표현이었다.

아들은 묵묵부답.

내가 말했다.

"앞으로는 숙제를 해주지 마. 친구에게서 돈 받는 것도 안 좋고, 친구의 부모님이 아시면 얼마나 속상하시겠니."

하지만 아이는 말했다.

"아니야. 다음에 부탁하면 또 할 거야."

이에 대해 나는 정색을 하고 단호하게 말했다.

"돈을 받고 하는 숙제는 절대로 안 된다."

나의 강한 의지를 읽은 아들은 이후 숙제 알바를 하지 않았다.

배우는 것과
가르치는 것은 한 가지

중학교 교과 내용은 쉽지 않다.

엄마나 아빠도 미리 공부를 해야 아이의 숙제를 봐줄 수 있는 내용
이 많다.

하지만 세상의 많은 엄마나 아빠는 아이의 공부 봐주기에 매달릴
형편이 아니다. 그래서 중학생이 되면 공부는 엄마나 아빠의 품에서
떠나는 것이다.

나도 마찬가지다. 초등학교 때까지는 아이가 뭘 물으면 준비 없이
도 대답해 주었다. 중학생이 된 뒤에는 사전을 찾아야 했고, 인터넷
을 검색해야 했다. 어느 순간 두 손을 들었다.

"공부는 너희들이 알아서 해라."

그러던 어느 날. 아이들이 서로 가르쳐 주는 것을 보았다. 엄마, 아빠에게 기대는 것보다는 스스로 해결하는 게 낫다는 생각을 한 듯하다. 중학교 3학년인 딸은 어학에 강점이 있다. 반면 중학교 1학년인 아들은 과학과 수학에서 앞서고 있다.

서로의 강점을 교환했다. 2009년 중간고사부터였다. 마음은 누나가 먼저 열었다. 중1 동생에게 가서 중3 과학 문제를 물었다. 시험 준비를 하면서 모르는 내용이 나오자 자존심을 내던진 것이다.

동생은 신이 나서 설명했다. 과학고를 목표로 삼은 동생은 학원에서 이미 중3 과정의 수학과 과학을 끝낸 상태였다. 동생은 더 물을 게 없냐고 했다. 자랑하고 싶은 듯, 옆방의 엄마, 아빠가 들릴 수 있게 말했다.

나는 먼저 딸을 칭찬하며 관심을 보였다.

"딸은 정말 대단하네. 동생에게 질문을 하고. 사람은 모르는 것은 누구에게든 물어볼 수 있는 용기가 필요하단다."

다음에는 아들 칭찬을 했다.

"아들은 학원에서 열심히 공부하더니 중학교 3학년 것도 다 아는구나. 먼저 공부해서 알려줄 수 있으니까 좋겠다."

다음날 누나는 동생에게 수학 문제를 질문했다. 동생은 과외교사처럼 문제를 차근차근 설명하며 풀었다. 누나는 이해되지 않는 부분을 더 설명하라고 채근했다.

　동생은 "자꾸 따지면 안 알려준다"며 짐짓 위엄을 부리며 가르쳤다.

　며칠 뒤엔 동생의 중간고사 시험이 시작됐다. 동생은 누나에게 투정을 부렸다. 영어 문제를 풀어달라는 것이었다. 누나는 "네가 외우고, 생각해야 알지"라고 나무라며 문법을 설명했다. 누나로부터 영어 과외를 받은 아이는 투덜대면서도 이해했다는 표정을 지었다.

　일부러 권유한 것은 아니지만 아이들이 서로 가르치는 것은 대단히 고무적이다. 가르치기 위해서는 적당히 알아서는 안 된다. 완전하게 내 것이 된 뒤에 알려줄 수 있다.

　또 설득의 기술도 배우게 된다. 아는 것과 가르치는 것은 다르다. 아는 것을 상대가 이해할 수 있도록 적절한 언어와 적합한 예를 들어 설명하면서 표현력도 키워진다.

　특히 남에게 알려준 것은 단순하게 기억한 것에 비해 더 강렬하게 뇌리에 새겨진다. 즉 기억에 오래 남는다. 가르치는 것은 복습의 의미도 있다.

　가장 효과적인 공부법은 남을 가르치는 것이라고 생각한다.

끝말잇기로
연상력을 키운다

아이가 열 살 무렵이 될 때까지 가끔 가족들이 즐긴 놀이가 끝말잇기다.

언어의 놀이인 끝말잇기는 어린 자녀와 함께 하기에 좋다. 간단하고 교육적 효과가 높다. 여행을 갈 때나, 시댁이나 친정에 가는 등 승용차로 장거리 이동을 할 때 아이들과 끝말잇기를 했다. 막 책을 읽기 시작한 아이들은 이 놀이에 무척 관심이 많았다. 열 살 정도까지는 아이들이 이 놀이를 하자고 보챘다.

방법도 단순해서 승용차 안에서 즐기기에 제격이다.

한 사람이 '사과'라고 제시어를 주면, 다음 참가자가 제시어의 마지막 음절로 시작하는 단어를 대야 한다.

제시 단어는 대개 명사로 한정이 되는데, 두음법칙은 적용되기도 하고 배제되기도 한다.

끝말잇기의 효과는 여러 가지다.

먼저, 아이의 정서 순화다. 엄마, 아빠와 대화를 하는 것이기에 부모의 사랑을 자연스럽게 느끼게 돼 정서가 안정된다.

둘째, 두뇌계발이다. 연상 작용을 계속하게 됨으로써 두뇌를 자극하게 된다.

셋째, 규칙을 알게 된다. 앞 사람 다음에 자신의 차례를 기다려 말하는 과정에서 사회의 규범을 몸으로 체득하게 된다.

넷째, 언어 생활이 풍요로워진다. 계속 단어를 생각하고 사용하기 때문에 어휘력이 늘어 언어 생활에 도움이 되는 것은 의심할 여지가 없다.

다섯째, 승부 의욕을 기를 수 있다. 경쟁의 의미를 이해하고, 이기는 맛과 패배의 아픔을 알게 된다.

아이들은 초등학교 고학년이 되면서 이 놀이와는 담을 쌓았다. 그러나 돌이켜 생각하면 끝말잇기는 아이들의 두뇌를 자극해 상상력을 키우는 데 큰 도움이 된 듯하다. 큰아이나 작은 아이나 단어를 많이 알았고, 이를 활용해 생각을 더욱 확장하는 것을 보았다.

초등학교 고학년이 되면 학교에서 글쓰기 숙제를 자주 낸다. 글쓰기를 할 때 나는 아들과 딸의 상상력을 키우기 위해 계속 질문을 했다. 아이들은 자연스럽게 받아들이고 적극적으로 대답했다. 이는 초등학교 저학년 때 한 단어를 연상하는 훈련이 밑바탕이 되었기에 가능한 것이었다.

실제로 창의성을 키우기 위한 질문의 내용은 끝말잇기와 다를 바 없었다. 어린이는 영혼이 맑고, 생각에 제한이 없기 때문에 어른보다 더 참신한 생각이 나오기도 한다.

끝말잇기처럼 질문은 연상 작용에 주안점을 준다.

예를 들어, 가을에 떨어진 낙엽을 주제로 이야기를 한다. 꼬마에게, "이 낙엽을 보면서 생각할 수 있는 단어가 무엇일까?"
라고 묻는다. 그러면 아이는 나무-종이-책-공부-학교-연필-1등-선생님-흙-돈 등 무한한 상상으로 단어를 연결한다.

나는 아이들에게 이렇게 질문을 한 뒤, 말하는 단어나 핵심에 계속 꼬리를 물게 했다. 그렇게 해서 글쓰기 숙제를 하도록 유도했다.

초등학교 5학년 때 딸이 서울 수락산에 갔다. 학교 글쓰기 숙제를 할 때 글감을 수락산에서 찾도록 했다. 등산객이 나무를 꺾는 모습을 본 뒤 자연훼손에 대해 이야기를 했다. 자연훼손에 연상되는 내용과 단어 등으로 생각이 확장될 수 있도록 거듭 안내한 뒤 그것을 글로 쓰게 했다.

나무를 꺾은 행위가 마음의 오염으로 진전됐다. 완성된 글은 다음과 같다.

핵폭탄보다 무서운 마음의 오염

'산을 사랑하는 사람은 마음이 깨끗하다.'

지난주 토요일 수락산 등산길에서 본 표어다. 이날 나는 아빠, 엄마, 동생과 함께 집 근처에 있는 서울의 수락산을 찾았다. 산에는 청소를 하는 중학생들이 많았다. 골짜기 바위 틈에 낀 비닐을 꺼내고, 깨진 병도 줍고 있었다. 중학생 오빠와 언니들은 학교에서 필요한 봉사 점수를 따기 위해 청소를 하는 것이었다.

그러나 몇몇은 선생님 눈을 피해 나무를 꺾고 장난을 치기도 했다. 장난치는 언니들은 학교 점수만 생각했을 뿐이다. 자연보호를 하겠다는 깨끗한 마음은 없었다. 시간만 때우면 된다는 식이었다.

환경보호는 쓰레기를 줍는 것 못지않게 마음가짐이 중요하다. 쓰레기로 더럽혀진 산은 청소하면 되지만, 오염된 마음은 큰 재앙으로 다가올 수 있기 때문이다.

요즘 TV에는 프로야구 선수 병역비리, 수능시험 부정 등 큰 사건이 많이 나왔다. 이처럼 유명한 사람들이 법을 어기는 것은 보통 사람의 잘못보다 더 빠르게 사회를 오염시킨다. 친구들은 최근 학교에서 쪽지 시험을 볼 때 이런 이야기를 했다.

"괜찮아. 시험 볼 때 조금 보고 하면 어때. 고등학생들은 대학교 들어갈 때에도 컨닝하는데……."

이는 고등학생의 나쁜 점을 본뜬 것이다.

이것은 쓰레기가 쌓이고 강물이 오염되는 것보다 더 끔찍한 결과가 될 수 있다. 쓰레기 산은 치우면 되고, 강과 바다의 오염은 과학이 발달하면 회복될 수도 있다. 지구가 전부 오염되면 다른 별에 살 곳을 마련할 수도 있다. 실제로 서기 2100년쯤에는 별에서 사람이 살 것으로 보는 과학자도 있다.

그러나 마음이 오염되면 사람과 지구가 한번에 멸망할지도 모른다. 만약 마음이 삐뚤어진 과학자가 핵폭탄을 터뜨린다면 어떤 결과가 나타날까. 2차세계대전 때에는 독일의 독재자 히틀러가 수많은 사람을 죽이기도 했다.

마음의 오염이 핵폭탄보다 더 무서운 결과를 가져온 본보기다. 그렇다면 어떻게 해야 바른 마음을 가질까. 다음 3가지를 생각할 수 있다.

첫째, 산에 자주 다닌다. 산에 오르면 마음이 넓어진다. 또 자신감도 생긴다.

둘째, 꾸준히 운동을 한다. '건전한 신체에 건전한 정신이 깃든다'는 말처럼 운동을 하면 몸과 마음이 건강해진다.

셋째, 독서를 한다. 책을 많이 읽어 좋고 나쁨을 가리는 힘을 키우면 바른 생활을 하는 사람이 될 수 있다. 환경을 보호하고 지구를 보존하기 위해 가장 신경을 써야 하는 것은 고운 마음을 갖는 것이다. 맑은 마음과 깨끗한 눈으로 자연을 볼 때 지구는 더 아름다워질 것이다.

초등학교 3학년인 아들은 한발 더 나아갔다. 과학에 관심이 많은 아들과는 수락산에 오르면서 날씨에 대해 이야기를 했다. 레오나르도 다빈치처럼 생각의 꼬리를 물게 했다. 가을임에도 가을 같지 않고 여름에 더 가까운 날씨가 화제였다. 덥다고 웃옷을 벗은 아들에게 동남아시아 사람들의 이야기를 했다. 너무 더워서 낮에 낮잠을 잔다는 내용이었다. 아들은 기후와 인종에 대해 관심이 많았다.

아들의 관심 영역을 최대한 확장하기 위해 가끔 질문을 던졌다. "우리나라가 열대 지방이 되면 우리의 모습은 어떻게 변할까?" 등이었다. 과학 책을 많이 읽은 아들은 많은 흥미로운 대답을 했다. 그래서 "한국인은 흑인과 같을까, 다를까?"라고 물었다. 아들은 같을 수도, 다를 수도 있다고 대답했다. 아들의 말을 다 들은 뒤 학교에서 내준 글쓰기를 '한국인과 흑인'으로 쓰면 좋겠다고 권유했다.

다음은 아들의 글이다.

'흑인으로 변할지도 모른다.'

나는 요즘 과학책을 보면서 이런 걱정을 한다. 지금처럼 날씨가 계속 더워지면 내가 흑인으로 변할 것만 같다. 사람은 환경에 따라 변화하기 때문이다.

우리 조상은 원래 추운 북쪽에서 살았다.

지금의 시베리아나 몽골이다. 이곳의 봄이나 가을은 한국의 겨울보다도 춥다고 한다. 이런 곳에서 살기 위해서는 눈이 작아야 한다. 작고 찢어진 눈은 찬바람과 습기를 막기에 좋다고 한다.

또 몸에서 열이 밖으로 빠져나가는 것을 줄이기 위해 전체적으로 뭉툭하고 다부진 몸을 갖게 됐다. 햇빛이 뜨겁지 않은 곳이어서 피부도 흰색에 가까운 노란색이다. 이런 유전자를 나는 갖고 있다.

이에 비해 몽골 인종이라도 동남아시아에 사는 사람은 따뜻한 날씨에 맞게 몸이 바뀌었다. 뜨거운 곳에서 견디려면 열을 몸 밖으로 뿜어야 한다. 그래서 손과 발이 길어지고 눈은 크고 쌍꺼풀이 생겼다. 외부와 만나는 면적이 넓을수록 열을 내리기 좋기 때문이다. 또 태양 때문에 몸 색깔은 우리나라 사람에 비해 검게 됐다.

동남아시아 사람보다 더 뜨거운 곳에 사는 아프리카 흑인들은 이에 맞게 진화됐다. 피부는 아예 검은색이다.

그런데 화석연료의 사용으로 지구가 점점 뜨거워지고 있다. 집에서 쓰는 가스 그리고 자동차와 공장에서 나오는 매연 등으로 인해 지구의 온도가 계속 올라간다고 한다. 그래서 북극의 빙하가 녹고 있어 50년이

나 100년 후에 태평양의 섬 중에는 물속에 잠길 곳도 있다고 한다. 얼마 전 TV에서는 제주도에 열대지방에서 발견되는 물고기가 살고 있다는 뉴스도 있었다.

우리 집에서도 기온 변화를 느낄 수 있다. 엄마와 아빠는 "우리가 어렸을 때에는 너무 추웠는데 요즘 겨울에는 얼음 구경하기 힘들어요"라고 종종 말씀하신다. 나도 겨울에 얼음을 본 것은 얼마 안 된다. 어떤 책에는 우리나라 기온이 100년 전에 비해 섭씨 5도 이상 올랐다고 써 있다. 옛날 기록이 없어 정확히 얼마나 기온이 올라가는지 알 수는 없지만 계속 따뜻해지는 것은 분명한 것 같다.

그렇다면 언젠가는 우리나라도 동남아시아처럼 아열대 기온이 되거나 심하면 아프리카처럼 열대지방이 되는 것은 아닐까. 한국이 열대지방이 되지 말라는 법은 없다.

수억 년 전, 숲이 우거졌던 곳에서 살던 공룡 화석이 우리나라에서 발견되었다. 옛날에는 한국이 열대지방이었다는 증거다. 우리나라가 계속 더워지면 나도 더위에 적응하기 위해 흑인처럼 변해갈 것이다.

하지만 내가, 우리 가족이, 우리나라 사람이 흑인처럼 되는 것은 싫다. 검고 길쭉길쭉한 팔과 다리로 변하면 가족도 나를 몰라볼 수 있다. 학교에서도 친구들을 서로 구분하지 못할 수도 있다. 색깔과 생김새가 변하면 다른 사람이나 마찬가지이기 때문이다. 그렇다면 지금의 나의 모습, 한국인의 얼굴을 어떻게 해야 유지할까.

방법은 단 하나다. 지구 온난화를 막아야 한다. 환경오염을 줄여야 한다. 또, 우리가 흑인이 될지 모른다는 위기 상황을 널리 알려야 한다.

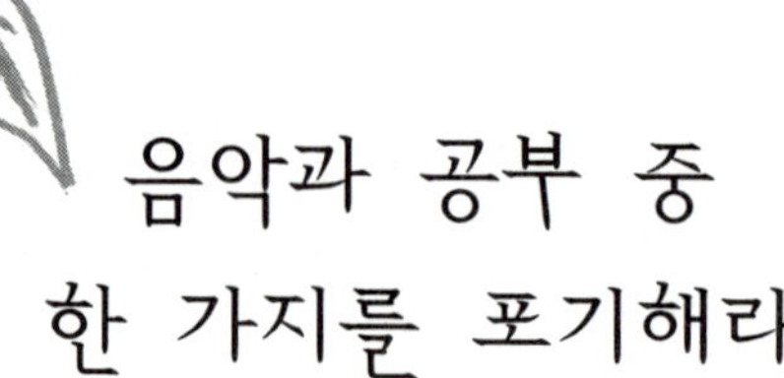

음악과 공부 중
한 가지를 포기해라

초등학교 5학년인 딸에게 MP3를 사줬다.

호기심이 많은 나이. 친구들이 휴대한 것을 마냥 부러워하는 것이었다. 사주니까 그렇게 좋아할 수가 없다. 매일 MP3를 끼고 산다. 음악을 들으면서 흥얼거린다. 아이가 좋아하는 모습을 보니까 덩달아 기뻤다.

하지만 문제가 생겼다. 시험공부를 하면서도 음악을 듣는 것이다. "한 가지에만 집중해야 한다"고 말했지만 아이는 "음악 들으면서 책을 보면 더 잘 읽혀요"라고 대답한다.

이는 착각이다. 아니면 아이가 음악을 더 듣기 위해 댄 핑계이다. 사람은 동시에 두 가지 이상을 하면 집중력이 떨어진다. 두 가지 이상을 하는 것은 잡념이다. 능률은 잡념이 없을 때 오른다.

딸에게 공부할 때 음악을 들으면 안 된다고 훈계했다.

"음악을 듣고 싶으면 책을 다 본 뒤에 들어라. 아니면 음악을 들은 뒤 책을 봐라."

아이는 음악을 껐지만 얼굴 표정은 그리 밝지 않았다. 그 후에도 음악을 들으면서 책을 보면 하나만 하도록 지도했다. 처음엔 마지못해 따르던 아이도 시간이 지나면서 하나씩 구분해서 했다.

내가 하나씩 차례대로 하게 한 것은 여러 연구 결과 때문이다.

그중의 하나가 '순간정보처리용량의 한계'다. 처리해야 하는 용량이 적을수록 분명하게 메시지가 전달된다는 것이다.

또 병목현상(BOTTLE NECK)이다. 한꺼번에 많은 정보가 출력되면 서로 충돌하기에 병의 목 부분에 걸려 지연된다는 이론이다. 즉 책 읽는 내용과 노래가 한번에 머리에 입력되려고 하다 보니 서로 충돌해 효과가 떨어진다는 것이다.

실제로 사람은 한 동작에서 다른 동작을 수행하는 데는 0.3초의 시간이 필요하다. 생각을 하고 말로 옮길 때에는 0.6초가 소요된다. 미국 샌디에이고 캘리포니아대 네드 사힌 박사와 하버드대 연구진은 2009년 11월 국제학술지 '사이언스'에 두뇌가 문제를 알고 어휘를 생각해 말로 표현하는 데는 0.6초가 걸린다고 발표했다.

말더듬이는 머릿속에 들어 있는 많은 정보를 한꺼번에 쏟아내려고 하는데, 입의 기능상 한계 때문에 병목현상이 나타난다는 설명도 있다.

하나만 생각해야 하는 이유는 여자보다 남자가 더하다.

남자는 원시시대 사냥을 위해 주변에 귀를 기울이기보다는 목표물에만 집중했다. 지금도 원시시대 습성이 남아 있다. 어떤 일에 몰두하는 경향이 여성보다 강하다. 이때 방해를 받으면 짜증을 낸다. 남자의 대뇌는 여자에 비해 기억해야 할 것과 그렇지 않아도 되는 것의 구분 능력이 뛰어나다. 아들이 어떤 일, 가령 만화를 보는 일에 집중하고 있으면 다 볼 때까지 기다렸다가 이야기하는 게 바람직하다. 가급적 "지금부터 중요한 이야기다"라고 주의를 환기시킨 뒤 말하면 집중할 가능성이 높다. 이제 다른 것은 생각지 말고 엄마의 이야기를 들을 시간이라고 사인을 보내는 것이다.

말은 간단명료하게 한다. 남자의 구조는 길고 복잡하게 말하는 것을 싫어한다.

사람, 특히 남자는 한 가지 일에 몰두하면 다른 일에 집중하기 어렵다. 따라서 음악을 들으면서 공부를 하면 좀 더 자극적이고 감각적인 음악에만 집중하게 돼 공부 효과는 뚝 떨어질 수 있다. 그래서 음악 듣는 시간과 공부하는 시간을 구분시켜야 한다.

논술? 유명인의 칼럼을
베끼면 90%는 성공

　큰아이가 초등학교 4학년이 된 2004년부터 논술 광풍이 불었다. 많은 학부모들이 영어와 수학처럼 논술 공부도 시켜야 되는 것으로 알았다. 학원 전단지에는 '수능 점수가 낮게 나온 학생이 논술로 대학입시에서 역전극을 펼쳤다', '상위권에서 영어와 수학 차이는 없고, 논술 차이는 있다' 등 엄마를 유혹하는 문구로 가득했다.

　논술에 대한 부담은 고등학생 보다는 중학생 부모가 더했다. 또 중학생 부모보다는 초등학생 부모가 더 관심이 높았다. 고등학생은 이미 성적 서열이 고착화 돼 있어 논술을 볼 수 있는 학생은 극소수였다. 당시 서울 시내 학교도 반에서 5등 정도는 되어야 논술을 볼 수 있는 중상위권 대학에 지원할 수 있었다. 고등학생의 경우 성적이 상위권에 드는 학생만 논술에 관심이 있었지만 중학생은 달랐다. 대부분 중학생 부모는 '내 아이는 논술을 볼 수 있다'라고 확신을 한다. 당연히 논술 공부를 시킬 수밖에 없다.

초등학생 부모는 모두 내 아이가 명문대를 갈 것으로 생각한다. 희망이지만 아직 어리기에 현실로 나타날 것으로 보고 있다. 그래서 너도나도 논술 학원에 보내기에 이른 것이다. 나도 큰아이의 논술 공부에 대해 고민했다. 더욱이 딸 아이는 책을 잘 읽지 않았다. 논술을 시키면 책을 읽지 않을 수 없다. 그러면 글 잘 쓰는 것은 몰라도 책은 몇 권이라도 읽을 것이라고 생각했다.

하지만 남편은 내 말을 듣고 고개를 저었다. 초등학교 4학년에게 논술은 필요 없다는 것이다. 이때에는 논리적인 훈련과 잘 다듬어진 문장을 쓰는 시기가 아니라고 했다. 책을 많이 읽으면 모든 게 다 해결된다고 말했다.

"책을 읽지 않으니까 고민하는 것 아니에요"라는 내 항변에 남편은 "애가 좋아하는 것은 읽을 거야. 국어, 수학, 사회, 위인전 등 학습에 관계된 것을 권하니까 재미없어 하는 거지"라고 응답했다.

남편은 또,

"책읽기는 스펀지와 같아서 관심 있는 분야를 읽다 보면 세상 모든 것과 부분적으로 이어짐을 알게 돼. 어느 분야든 많이 읽으면 결국에는 다 통하게 돼. 사회도 과학도 심지어 영어와 수학도 알게 되니까 성적에는 신경 쓰지 말고 좋아하는 책만 읽혀.”
라고 거듭 말했다.

신문사 부장인 그는 타협안으로 아이 글쓰기는 자신이 봐주겠다고 했다. 대신 나에게는 신문에 소개된 칼럼을 일주일에 한 번씩 베끼게 하라고 했다. 사설은 신문사마다 주의나 주장이 다르니까 좀 더 객관적인 학자나 전문가들이 쓴 칼럼을 베껴 쓰게 하라는 것이다.

특히 신문에 소개된 칼럼은 전문가의 전문적인 식견이 녹아 있는데, 문장과 논리성은 신문사의 데스크에 의해 다듬어지기에 아주 훌륭한 글이라고 설명했다.

초등학교 4학년, 1년 동안 아이는 신문에 소개된 칼럼을 며칠에 한 번씩 옮겨 적었다. 그 효과는 좋았다. 창조는 모방에서 나온다는 말이 있듯이 좋은 글을 옮겨 쓰다 보니 그것이 아이의 것이 되는 것이다.

칼럼은 정치, 경제, 문화, 환경, 과학, 사람 등 다양하다. 그래서 폭넓은 시사 공부도 된다. 여기에 신문까지 읽고, 독서를 하면 더할 나위 없이 좋다.

사실 한국인은 신문광인 반면 독서꽝이다. 한국인의 신문 구독율은 20% 남짓이다. 10명 중에 2명밖에 신문을 구독하지 않는다. 이는 신문 보는 것에 별 관심이 없다는 뜻이다.

그런데 지하철에만 가면 기현상이 벌어진다. 아침 출근길. 콩나물처럼 사람들이 빽빽한 전철 안에서 승객 대다수는 신문을 읽는다. 모두 무가지이다. 비좁은 공간이라 신문을 펼치면 옆 사람에게 스친다. 때로는 옆 사람 얼굴에 신문이 닿기도 한다. 때로는 앞 사람의 등 뒤에 대고 신문을 읽는다. 가끔 옆 사람이 불편한 표정을 짓는다. 그런데도 아랑곳하지 않고 신문을 탐독한다. 대한민국 사람의 신문읽기 열망. 한마디로 대단하다.

하지만 글 읽고 싶은 욕구는 거짓말임을 금세 알 수 있다. 단지 공짜니까 보는 것이다. 독서량을 보면 알 수 있다. 한국인의 독서량은 세계 꼴찌다.

몇 년 전 미국의 다국적 여론조사기관 NOP가 세계 30개국 13세 이상 3만 명을 대상으로 독서량을 조사했다. 그 결과, 한국인의 일주일 독서 시간은 3.1시간이었다. 이는 세계 평균 6.5시간의 절반에도 미치지 못하는 것이다. 한국출판연구소의 조사에서도 결과는 비슷했다. 한국인의 평일 독서 시간은 37분, 주말은 27분이었다.

긴 흐름으로 볼 때 공부의 성패는 독서와 글 읽기에 달려 있다. 그래서 신문을 정기구독해 집에서 아이가 자연스럽게 정독할 수 있도록 하는 게 바람직하다. 또 책을 끼고 다니면서 독서를 하는 게 좋다. 그것이 살이 되고 피가 돼 성적이 오르고 대화의 재료가 된다. 비만 걱정이 없는 양식, 독서가 필요한 이유다.

어린이의 경우 어린이 신문을 읽게 하면 좋다. 중학생이라면 일반 신문의 칼럼을 매일 읽고 쓰게 하는 게 좋다.

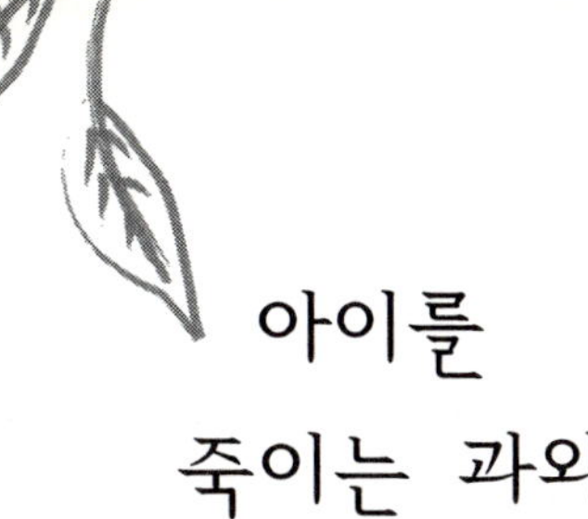

아이를
죽이는 과외

앗, 충격!

세상에 이럴 수가 없었다. 초등학교 4학년인 딸이 학교에서 본 수학시험에서 48점을 맞은 것이다. 초등학교 시험은 쉽다. 그래서 90점, 100점이 수두룩하고 어지간하면 80점은 맞는다. 그런데 48점이라니……. 전에는 90점은 맞았는데, 어떻게 이런 일이 일어난 걸까.

믿고 싶지 않지만 현실이었다. 다른 학부모들도 성적에 대해 말하지 않았다. 점수가 좋지 않다고만 했다. 어떤 엄마가 귀띔했다.

"학급평균이 60점대래!"

그러나 이 말로도 위안이 되지 않았다.

학원에 보냈다. 그때까지 아이는 영어 학원만 다녔다. 학원에 한 달쯤 다닌 아이에게 물었다.

"수학, 이해할 수 있겠니?"

아이는 할 수 있다고 했다. 같은 학부모이자 학원 원장인 선생님도 "잘 따라한다"고 칭찬했다. 아이는 잘 적응했던 것이다.

그런데 그 학원이 1년쯤 뒤에 문을 닫았다. 원장이 육아와 남편 뒷바라지를 위해 폐원한 것이다. 다른 학원으로 옮겼다. 하지만 교수법이 아이에게 맞지 않은 듯했다.

학원을 끊고 대학생에게 과외를 시켰다. 금액에 맞춰 2학년인 아들도 봐달라고 했다. 대학생은 성실했다. 하지만 큰아이는 여러 명이 같이 하는 것을 원했다. 체질상 1 대 1 교육을 기피했다. 대학생이 성심껏 했지만 효과가 크게 나타나지 않았다. 작은 아이는 모르는 것만 질문했다. 작은 아이는 재미있어 했다. 결국 큰아이는 관심을 보이지 않았고 한 달 만에 과외를 접었다.

나는 어린아이의 개인과외에 대해 부정적이었다. 고등학생이나 중학생이 특정 분야의 실력이 부족해 개인지도를 집중적으로 받는 것은 괜찮지만, 여러 가지 생각을 키워야 하는 초등학생이 과외를 받는 것은 역효과가 크다고 생각했다. 이런 생각 때문에 한 달 만에 과외를 접은 것이다. 과외가 효과를 내기 위해서는 철저한 예습이 선행되어야 한다.

그런데 과외는 어려운 문제를 푸는 방법을 능력 있는 선생님이 알려준다. 여기에서 대부분의 어린이는 스스로 생각하고 고민하는, 학습 주체로서의 자율성을 잃어버릴 수 있다. 대충 생각하다 생각이 안 나면 선생님에게 물어본다. 문제를 깊게 고민해야 사고력이 신장된다.

또 과외 선생님은 학생의 성적을 올려야 하기 때문에 아이에게 바다에서 물고기를 잡는 법을 가르치기보다는 어시장에 나온 물고기를 사오는 법을 알려주기 십상이다. 단기에 성적을 올려야 하는 과외의 한계다.

그래서 입시를 앞둔 고교생에겐 과외가 효과적일 수 있지만, 사고력을 키우고 공부 방법을 알아가야 하는 초등학생의 경우 독이 될 가능성이 더 높다.

아이가 노력하지 않으면 과외나 학원 교육은 시간 때우기나 잡담의 시간이 될 수 있다. 이런 경우 시간과 돈 낭비는 물론 아이의 학습력을 저하시킨다.

아이는 고민해야 답을 알 수 있다.

친하게 지내는 한 엄마는 초등학교 때부터 아들과 딸에게 과외를 시켰다. 유명 대학의 대학원 과정을 밟고 있는 선생님이었다. 다른 과외교사보다 더 많은 돈을 주면서 초등학교 내내 공부를 시켰다.

하지만 중·고등학교로 올라가자 아들도, 딸도 성적이 좋지 않았다. 스스로 생각하는 힘이 거의 없었기 때문이다. 학습을 하는 과정은 아이마다 다르다. 개인차가 있지만 과외를 시킬 경우 엄마는 아이의 성격을 세밀하게 파악해야 한다. 과외를 시키면 막연한 불안감에서 벗어날 수는 있다. 그러나 보다 중요한 것은 아이가 예습, 복습을 철저히 하는가를 확인하는 것이다. 과외도, 학원 수업도 예습과 복습을 하지 않으면 사고의 힘이 키워지지 않아 장기적으로 보면 효과를 보기 어렵기 때문이다.

치아를 교정하면
성적이 오른다

아이는 자라면서 친구와 비교를 한다.

내 얼굴이 예쁜가, 그렇지 않은가를 따져본다. 예쁘면 자신감을 갖고, 반대의 경우 위축된다.

얼굴 모습은 치아와 연관이 깊다. 치아가 부정교합이면 아래턱이 앞으로 튀어나오고, 코가 들어가게 돼 있다. 외모가 처질 가능성이 있다. 또 발음에 지장을 준다. 여기에 두뇌계발도 지연될 수 있다.

딸이 초등학교 1학년 때 치과에 갔다. 약한 부정교합이었다. 남편의 친구인 치과의사는 "몇 년 후에 교정을 해라"라고 권유했다. 자라는 아이기에 정상으로 돌아올 수도 있고, 아이가 교정을 힘들어하는게 일반적이기 때문이라고 했다. 또 교정을 한 뒤에 다시 할 수도 있다는 설명이었다.

그런데 다른 치과에서는 요즘엔 기술이 발달해서 '지금' 해도 무방하다고 했다. 교정에 들어갔다. 3개월이 걸린 작업. 아이는 모형 이를 끼고 잘 견디었다. 남편 친구는 어린아이가 모형 이를 끼고 있으면 불편하기에 스트레스를 받고, 잘 빼기 때문에 효과가 떨어질 것을 우려했다.

다행히 아이는 의사의 지시를 잘 따랐다.

치아 교정은 아이가 자신감을 얻는 결정적 계기였다. 먼저 발음이 좋아졌고, 얼굴도 더 귀엽게 됐다. 또 두뇌가 활성화 되었을 것으로 추측된다. 대개 정상적인 발달을 보이는 아동은 7세나 8세쯤 되면 정확한 발음을 할 수 있다. 그래서 발음은 초등학교에 들어갈 무렵이면 무난하다. 영어 등 다른 어학을 공부하는 데도 발음에는 문제가 없는 나이다.

초등학생이 되기 전에는 부모의 발음 습관에 영향을 많이 받는다. 그래서 부모가 정확하고 올바른 발음을 하는 게 좋다. 어휘 사용의 속도, 숨을 고르는 법도 아이들은 자연스럽게 따라 한다.

발음이 정확해야 당당한 아이가 될 수 있다. 아이가 발음이 명확하지 않으면 상대편에서 말을 제대로 알아듣지 못해 무시당할 수 있다. 이 현상이 계속되면 아이는 말을 안 해 소극적으로 변할 수 있다. 남들이 알아듣지 못하는 모습이 마치 우물거리는 것처럼 보여 친구들이 "말 좀 크게 하라"고 한마디씩 한다.

그러면 기가 죽어 목소리는 더욱 작아지고, 발표 시간에는 계속 뒤로 빼기만 한다. 아예 발표 못하는 아이가 된다. 심리적인 원인이나 잘못된 습관에 의한 불분명한 발음은 입 주위 근육운동을 시키거나, 심호흡을 한 후 또박또박 말하는 훈련을 시킨다.

부모가 노력하면 아이의 발음 습관은 바뀐다. 하지만 치열이 가지런하지 않고 주걱턱이 되면 발음 교정엔 한계가 있다. 따라서 치열이 가지런하지 않은 아이는 치아 교정을 빨리 해주는 게 바람직하다. 어린 시절 상처는 자칫 성인이 되어서도 극복하지 못할 수 있다.

일본의 한 연구팀은,

'치아로 음식을 씹으면 뇌가 자극된다. 치아가 없으면 뇌 주변의 신경이 상실돼 뇌가 자극받지 못함.'

이라는 사실을 밝혀낸 적이 있다. 이는 치아의 활동이 뇌의 활동에 영향을 미치는 것을 의미한다.

또 스포츠 학자들에 의하면 치아, 특히 어금니는 신체의 균형감각을 유지하는 것과 절대적인 관계가 있다. 따라서 아이가 평형감각 등 좋은 운동신경을 키우려면 치아도 튼튼해야 한다는 결론이다.

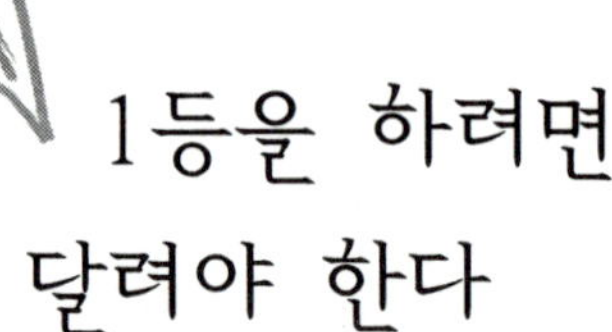

1등을 하려면
달려야 한다

중학교 3학년인 딸이 중간고사를 앞두고 부담이 된 모양이다.

시험은 월요일부터다. 하루 전인 일요일. 아이는 평소보다 일찍 일어났다. 수면 시간이 적었기에 졸릴 수밖에 없다. 딸은 문밖으로 나갔다. 집 주변을 10여 분 달리고 왔다. 딸의 눈에서는 잠이 확 달아났다.

이를 본 남편이 아이에게 한마디한다.

"앞으로도 시험기간에는 달리기를 해라."

남편은 달리기는 체력 증진뿐 아니라 학습 효과를 높일 수 있는 좋은 방법이라고 했다. 그는 아이에게 옛이야기와 현대 의학에서 밝힌 달리기 효과를 상세하게 설명했다.

남편은 두 가지를 계산한 듯했다. 첫째는 운동을 등한시하는 아이에게 체력 단련을 유도하기 위함이고, 둘째는 기분 전환을 통한 높은 학습 성과를 생각한 것 같다. 남편은 두 편의 이야기를 하면서,

  "매일 10분씩이라도 뛰는 것을 생활화해라."

라고 당부했다. 옛이야기와 최근의 논문을 소개한다.

조선에서 3대 연속 장원급제를 한 집안이 있었다. 문장가로 소문난 이민적 집안이다. 숙종 때 대사헌을 지낸 이민적은 대과에서 수석을 한 천재다. 그의 큰아들 이사명도 대과에서 수석을 했고, 둘째 아들 이이명은 대과에서 차석을 했다. 큰아들은 병조판서, 둘째 아들은 좌의정에 이른다. 그리고 이사명의 아들 이기지가 진사시험에서 수석을 차지했다. 한 집안에서 3대 연속 수석을 배출한 것이다.

그런데 이 영광 뒤에는 '달리기'가 숨어 있었다. 이민적이 아들을 교육시킬 때 빠지지 않는 게 달리기였다.

체력 단련용? 물론 가능성 있다.

그러나 더욱 신빙성이 높은 것은 시간 절약이었다.

빨리 소화를 시키고 책을 읽게 하기 위해 달리기를 시킨 것이다.

그 내용이 대동기문(大東奇聞)에 나온다.

　홍문관 관원인 이민적이 숙직을 하는 날 둘째 아들 이이명을 대궐에 데려갔다.

　이민적은 어린 아들 이이명에게 말했다.

　"식사를 다 했으면 청사를 계속 뛰어라."

　그리고서 그는 달리기를 한 아들에게 이렇게 말했다.

　"소화가 다 되었으면 책을 읽어라."

　이이명의 달리기는 현대 의학으로도 효과가 증명되고 있다.

　인지신경학 분야 전문의인 삼성서울병원 나덕렬 교수팀은 2009년에 온종일 컴퓨터 앞에서 사는 회사원 60명을 대상으로 90일간 벌인 '두뇌 개조' 실험 결과를 공개했다. 연구팀은 피실험자들을 3개 집단으로 나눠 A집단에겐 외국어 학습을, B집단에겐 달리기 운동을, C집단에겐 평소대로 생활하게 했다. 그리고 석 달 뒤 이들의 인지력과 뇌 기능 등의 변화를 측정했다.

　그 결과, 꾸준히 외국어를 공부하거나 달리기 운동을 한 집단은 뇌에 구조적, 기능적 변화가 생겨 현저한 기억력 향상을 보였다.

　생리학적으로도 스포츠와 공부의 관계는 밀접하다. 운동을 하면 기분이 좋아진다. 이는 BDNF라는 신경영양인자가 증가하기 때문이다. 마음이 안정되고 기분이 좋아지면 집중력, 기억력, 창의성이 높아질 수밖에 없다. 또 체력이 향상돼 오랜 시간 동안 책을 볼 수도 있다.

우스갯소리로 아이의 대학 진학은 엄마의 정보력, 아이의 체력, 할아버지의 경제력에 따라 달라진다고 한다. 이중에 엄마의 정보력이나 할아버지의 경제력은 아이가 선택할 수 없다. 그러나 체력은 아이 스스로 키울 수 있는 부분이다.

chapter 5
엄마는 자존감 전도사다

아들을 깨우는
아빠의 편지

"아빠가 아이에게 주는 글을 써 오래."

학교에서 초등학교 5학년 아이들에게 '아빠가 아이에게 쓴 글'을 요청한 것이다. 선생님은 아빠의 사랑과 비전을 아이에게 글로 전하는 게 효과적이라고 판단한 듯했다. 편지를 쓰면서 아빠가 다시 한 번 아이를 생각하고, 아이도 아빠의 편지를 읽으면서 부모님의 깊은 사랑을 더 느끼게 하려는 의도 같았다.

좋은 취지였다.

남편은 별말 없이, 아니 잘됐다는 표정으로 썼다. 남편은 아들에게 대화를 많이 시도하는 편이지만, 내성적인 아들은 응답하지 않을 때도 있었다. 남편 입장에선 선생님이 멍석을 깔아준 셈이었다. 아들은 편지를 학교로 가져갔다.

그날 밤. 아이는 편지를 도로 아빠에게 내놨다.

"선생님이 안 보셨어. 집에서만 보라는 것이었대."

선생님은 편지를 보는 것이 프라이버시 침해의 우려가 있을 수 있어 보지 않은 것이다. 배려가 깊은 선생님이었다.

사랑하는 아들아.

며칠 전 네가 쓴 '부모님 은혜는 왜 바다보다 깊고 하늘보다 높은가'라는 글을 보았다. 낳으시고, 기르시고, 올바르게 이끌어 주신다는 노랫말을 인용했는데 설득력이 아주 높았다.

특히 어머니는 '고생하여 낳은 아이'여서 더 큰 사랑을 베풀고, 아버지는 '고생 안 하고 얻은 아들'이어서 사랑이 덜한 것 같다는 표현은 아주 독창적이었다.

사물을 볼 때 '왜?'라는 의문을 갖고 생각을 정리하는 게 창의적이고 논리적인 사람이 되는 지름길이다. 너는 평소 독서를 많이 하여 이런 능력이 향상된 것으로 보인다. 앞으로도 꾸준히 책을 읽고, 생각을 글로 정리하면 두뇌가 더욱 계발되어 똑똑한 아이가 될 것으로 확신한다.

하지만 아버지의 사랑이 어머니의 그것에 비해 적다는 것은 다시 생각할 필요가 있다. 모든 사람이 다 같을 수는 없다. 세상에는 다양한 생각과 방법이 있다. 민주주의 원칙은 다원성, 즉 나와 다른 여러 생각을 인정하고 존중하는 데서 출발한다.

아버지와 어머니는 사랑의 표현 방법이 다를 뿐이다. 그 깊이와 무게를 비교한다면 생각의 폭을 좁히는 것이 아닐까. 오히려 아버지의 사랑은 이런 방법이고, 어머니의 베풂은 이런 식이었다는 게 열린 사고로 나아가는 길일 것이다.

아버지는 아들이 긍정적이고 열린 마음을 가진 청소년이 되기를 바란다. 총명한 네가 세상에 보탬이 되는 사람이 되기를 바라는 마음에서 가훈을 관홍장중(寬弘莊重)으로 정했다. 세종대왕의 말씀으로, 너그럽고 도량이 넓으며 위엄이 있고 믿음성 있는 사람이 되자는 뜻이다.

사람은 자긍심이 있을 때 엄청난 능력을 발휘할 수 있다. 우리는 조선시대 3대 연속 문형을 배출한 '백강' 이경여 집안이 뿌리다. 대대로 노론의 사상가였던 우리 집안은 전주 이씨 중에서도 최고의 명문으로 꼽혔다. 조선을 통틀어서도 3대 명문가 또는 4대 명문가에 포함됐다.

또 네 이름도 상서롭다. 남신(南伸)은 남쪽에서 의지를 널리 펼친다는 의미다. 그러나 더 큰 뜻이 숨어 있다. 지구의 절반이 아닌 온 세상을 향해 큰 마음을 펼칠 수 있다는 의미다.

아버지가 고려시대부터 집안 대대로 육임학을 연구해온 당대의 역술철학가 이춘형 선생님에게 네 이름을 특별히 부탁했었다.

그렇기에 자긍심을 갖기에 충분하다.

그러나 실천 없는 만족은 공허한 메아리에 불과하다. 노블레스 오블리주라는 말이 있다. 사회 지도층의 책임 의식을 말하는 것이다. 한국 사회에는 상류층은 있되, 노블레스 오블리주는 없다고 한다. 상류층이 사회를 위해 헌신하는 모습이 거의 없기 때문이다. 전직 대통령이나 그 가족이 습관적으로 구속되는 게 좋은 예다.

이에 비해 영국은 왕자가 전쟁에 앞서서 참전하는 등 위기 때 온몸을 사회를 위해 던졌기에 지금도 상류층이 존경을 받고 있다.

아들은 훌륭한 조상과 깊은 의미의 이름을 지닌 만큼 노력하면 존경받는 사람으로 성장할 것으로 믿는다.

이를 위해서는 초등학생 시절부터 실천할 게 있다.

첫째, 많은 친구를 사귀어야 한다.

나 혼자 잘났다고 생각하면 왕따를 당하기 십상이다. 또 내가 아무리 똑똑하다 해도 여러 명의 생각을 앞설 수는 없다. 진정한 용기는 나 혼자 잘났다고 떠드는 게 아니라 많은 친구를 사귀고, 다양한 생각을 받아들이고, 함께 발전하는 길을 모색하는 것이다.

둘째, 이해하고 받아들인다.

세상에 완벽은 없다. 모든 이가 부러워하는 사람도 그만의 아픔이 있다. 그래서 행복은 찾는 이에게, 마음 속에 있다고 한다. 너는 몸이 강한 편이 아니다. 그러나 약이 좋은 만큼 감기에 걸린 정도로 생각하면 된다.

셋째, 긍정적으로 생각하고 최선을 다한다.

모든 것을 다 이룰 수는 없다. 모든 것을 다 잘할 수는 없다. 그러나 긍정적으로 생각하고 최선을 다하면 많은 것을 이룰 수 있다. 뜻을 이루는 데는 요령이 필요하다. 우선순위를 정해 전력투구를 하는 게 효율적이다. 남보다 앞서는 것, 즉 비교 우위의 분야에서 정열을 불태우는 것이다. 특히 할 수 있다는 자신감과 자기암시는 아주 중요하다.

리더십 캠프에
보냈다

아빠 : 그렇게 두려웠니?

딸 : 응. 갑자기 가슴이 뛰고 손에 땀이 났어.

아빠 : 천천히, 크게 이야기하지 그랬어.

딸 : 떨리는데 어떻게 큰소리로 이야기해.

아빠 : 너희 때에는 잘하려다 보면 그럴 수도 있다. 별것 아니다.

딸이 초등학교 5학년 때 학교 참관수업에 갔다. 그런데 딸이 발표 때 울먹이며 땀을 흘렸다. 담임선생님은 딸을 학부모들 앞에서 발표자로 지명했다. 잘할 것이라는 기대를 한 것이다.

그런데 학부모 앞에 선 아이는 긴장을 한 탓에 제대로 발표를 하지 못하고 울먹였다. 당황한 것은 선생님도 마찬가지. 선생님은 "천천히 또박또박 이야기하자"라며 진정시켰지만 아이의 얼굴은 계속 붉어져 있었다. 나는 상상도 하지 못한 믿기지 않은 장면에 살그머니 문을 열고 집으로 돌아왔다.

나의 이야기를 들은 남편은 대수롭지 않게 생각했다. 소심한 사춘기 소녀들에게 나타날 수 있는 현상이니 쉽게 해결된다고 말했다. 방법은 가슴을 활짝 펴고 큰소리로 이야기하면 된다는 것이었다.

남편은 곧바로 아이에게 복식호흡법을 알려주면서 큰소리로 천천히 이야기하는 법을 지도했다. 하지만 효과가 없었다. 아빠가 하니까 주의 깊게 따라 하지 않았다.

남편은 안면이 있는 리더십센터 원장에게 전화를 했다. 센터에 일주일 보내기로 했다. 나는 아이를 데리고 그곳에 갔다. 1 대 1 개인지도였다. 호흡과 발성을 하고 큰소리로 말하는 훈련을 했다. 이틀을 간 아이는 더 이상 가지 않겠다고 했다. 할 수 있다는 것이었다.

대신 남편은 아이에게 낭독 훈련을 시켰다. 매일 아빠, 엄마, 동생이 보는 앞에서 30분간 큰소리로 책을 낭독 하게 했다. 주로 아침 식사 전에 식탁에 앉아 큰소리로 또박또박 읽게 했다. 그때마다 온 가족은 진지하게 경청했다. 아빠는 "어제보다 더 발음이 또렷하다, 쉼표를 잘 활용했다" 등 구체적으로 칭찬을 했다.

또 남편은 사춘기 무렵의 학생들은 갑자기 발표할 때 부담을 느낄 때가 있다며 특이한 현상이 아니라고 가끔씩 말해주었다. 딸은 아무렇지도 않게 생각하는 아빠의 말에 안심한 듯 나날이 발표에 대한 자신감을 회복했다.

소심하고 얌전한 편인 딸은 학교에서 발표에 적극적이지는 않았다. 호명되면 발표를 하는 수동적이고 소극적인 학생이었다. 그러던 어느 날 학부모가 많이 참석한 자리에서 발표를 하게 되니까 낯선 환경에 불안감을 느꼈고, 마음을 가다듬지 못해 떨게 되었던 것이다.

이때 아이를 잘 지도하지 못하면 발표 불안자로 남을 수 있다. 발표 시간이 되면 계속 소극적으로 뒤로 물러서게 돼 나중에는 발표 불안감에 사로잡힐 수 있다. 발표 부담은 모든 사람이 다 갖고 있는 자연스런 현상임을 알려 주는 게 교사나 학부모의 몫이다.

어린 학생은 모든 사람이 다 그럴 수 있다고 할 때 안심을 하게 된다. 안심을 시킨 뒤에는 부모의 역할이 중요하다. 아이에게 발표 연습의 장을 마련해주어야 한다. 말로 아무리 걱정할 필요 없다고 해도 당사자는 걱정하지 않을 수 없다. 이 걱정을 날리는 법이 집에서 큰소리로 책을 읽게 하는 방법이다. 책읽기에 자신감을 보이면 많은 친구들이 보는 앞에서 발표해도 말 떨림이 없다. 시간이 된다면 스피치 리더십 캠프에 보내는 것도 한 방법이다.

큰소리로 읽는 독서는 자신감을 키우는 것 외에도 효과가 많다.

먼저, 책 읽는 습관을 얻게 된다. 책을 통해서 새로운 지식이나 배경 지식을 쌓을 수 있다. 특히 초등학생과 중학생 때 얼마만큼의 독서를 했느냐에 따라 고등학교 때 논술 적응력은 엄청난 차이가 난다. 이는 독서가 단순한 지식 습득이 아니라 두뇌의 창의성까지 자극하기 때문이다.

이를 극대화하기 위해서는 음독, 즉 소리 내어 읽는 게 좋다. 눈으로만 읽으면 큰소리로 읽을 때보다 집중력이 떨어진다. 시각에만 의존하기에 능률이 떨어진다. 시간이 부족한 학생들은 주어진 양을 빨리 끝내려는 경향이 있다. 이런 상황에서 눈으로 읽으면 내용 이해보다는 끝내는 데 주력해 대충 읽는 악습이 발생할 수 있다.

그러나 소리 내어 읽으면 시각과 청각을 모두 학습에 활용해 효과가 높다. 특히 읽으면서 글 뒤에 숨어 있는 배경과 연원 등을 상상하게 돼 인접 과목과의 체계화, 구조화를 할 수 있어 논리적 사고에 큰 도움이 된다. 음독은 묵독보다 기억의 강도가 두 배 정도 높다.

유태인이 세계를 지배하는 것은 세 살 무렵부터 탈무드를 되풀이해서 소리 내어 읽고 암송하는 교육을 받았기 때문이라는 분석도 있다. 소리 내어 책을 읽는 문화 환경 덕분에 창의성과 발표력을 키울 수 있다는 것이다.

그러나 깊은 사고를 요하는 독서에서는 소리 내어 읽는 것이 깊은 생각을 방해하는 결과를 초래하기도 한다. 예를 들어 수학 문제를 풀 때 소리 내 읽는 것보다는 조용히 생각을 하면서 읽어야 좋다.

　한국방송공사의 '과학카페' 제작진은 2008년 1월 방송분에서 큰소리로 읽는 것과 눈으로만 읽는 것의 두뇌 활성화 정도를 실험했다. 그 결과, 인간의 기억, 언어, 추론에 관계된 전전두엽의 활성화는 눈으로 읽을 때 더 활성화되는 것으로 나타났다. 이는 깊은 사고력을 요하는 것은 소리 내 읽는 것이 효과적이지 않음을 말해준다.

　큰소리와 자신감 부분에서는 학자들도 명확한 결론을 내리지 못했다. 소심한 사람이나 운동선수들이 큰소리를 통해 자신감을 키웠다는 증언은 부지수다. 하지만 과학적으로 다른 논리도 있는 상태다.

　그래서 학자들은 대체적으로 심리적인 문제로 접근하는 경향이 크다. 심리학자들은 "목소리를 크게 낼수록 마음이 움직이고, 이는 곧 태도의 변화로 연결된다"며 "목소리가 커지면 결국 성격도 달라진다"고 주장한다. 큰소리를 냈을 때 자신감을 느낄 것이라는 믿음이 실제 그런 결과를 가져왔다는 것이다.

　한국체육과학연구원의 김용승 박사는 용인대 역도팀 10명을 대상으로 3주간 연습 때마다 기합을 넣게 했다. 그 결과, 2명은 확연하게 자신감이 상승됐으나 다른 선수는 큰 차이가 없었다. 일부에서만 자신감 향상으로 나타났지만 떨어진 사람은 없었다. 이는 긍정적인 생각과 행동이 긍정적인 결과를 낳은 것으로 해석할 수 있다.

　큰소리로 책 읽는 것은 발표 부담을 느꼈을 때 바로 시작하는 게 좋다. 늦을수록 아이가 상처를 많이 받고 부정적으로만 생각을 해서 치유가 어렵다. 딸은 큰소리 낭독을 한 달쯤 한 뒤 자신 있게 말했다.

"나, 전혀 떨림이 없어. 학교에서도 발표 잘해."

자신감을 찾은 딸은 2학기 때 학급 회장에 출마를 했다. 우렁찬 목소리로 자신 있게 공약을 발표했고, 많은 박수를 받으면서 학생 회장에 뽑혔다.

발표를 잘하기 위해서는 힘 있는 목소리로 또박또박 말해야 한다. 그런데 작은 소리로 웅얼거리는 아이가 있다. 또 말끝을 흐려 정확한 의사 전달이 어려운 아이도 있다. 이럴 때 부모나 교사는 아이의 말을 귀담아 듣는 자세가 필요하다. 인내심을 갖고 반복해서 확인한다. 이 과정에서 아이는 크고 정확하게 의사 표현을 하게 된다. 잘 알아듣지 못했는데도 부모가 지레짐작을 하거나, 감정을 못 이겨 "확실하게 말하지 못해!"라며 다그치면 아이의 소극적인 태도는 바로 잡히지 않는다.

부모가 반복 확인하게 되면, 애매하고 모기 소리 정도로 말을 하던 아이도 차츰차츰 생각하고 또박또박 말하게 된다. 싫고 좋음의 감정 표현도 자연스럽게 하게 된다.

아이의 아이큐를
150으로 끌어올렸다

아이의 능력은 무한하다.

개발되지 않은 미지의 보고다. 그 능력은 칭찬에 의해 계발될 수 있다. 가령, 아이가 수학 시험에서 100점을 맞았을 때 "너 참, 수학을 잘하는구나", "넌 앞으로도 100점을 맞을 능력이 있다"라고 칭찬하면 아이는 더 노력하고 흥미를 갖게 돼, 실제로 수학을 잘하는 아이가 될 수 있다.

이때 칭찬은 구체적으로 해야 한다. 막연히 하면 아이가 실체를 느끼지 못하고, 막연히 잘할 수 있다고만 생각할 수 있다. 이런 경우, 수학 시험을 한 번 잘못 보면 충격이 그만큼 커 쉽게 좌절할 수도 있다.

그러므로 "곱셈에서 뛰어나구나!", "인수분해에서는 천재적 소질이 있다", "수학 문제 풀이 능력은 동네 아이 중 네가 최고다!" 식으로 아이가 분명하게 인지하도록 해주는 게 좋다.

어른은 자연과 쉽게 동화된다. 자신을 이웃과 이웃, 크게 보면 자연의 일부로 생각한다. 주변과 더불어 살아야 하는 존재로 인식한다. 그래서 하나에 몰입하기 어렵고, 주위를 의식한다.

이에 비해 아이는 상대적으로 자신을 모든 것의 중심으로 인식한다. 이는 순수함과도 같다. 어느 한 분야에 잡념 없이 쉽게 빠져들 수 있다. 그래서 학습 능력이 급신장할 수 있다.

반대로 어느 한 분야에서 일을 성취하지 못했을 때에는 쉽게 좌절할 수 있다. 순수하지만 부자연스럽기 때문이다.

아이의 잠재 능력을 계발하는 좋은 방법은 자신감을 심어주는 것이다.

아들이 초등학교 3학년 때 수학 전국대회에서 입상을 한 적이 있다. 이후 아이는 수학, 과학 전국대회에 출전했다. 입상할 때도 있었고, 입상하지 못할 때도 있었다.

아이가 뛰어난 성적을 보이자 주위에서 지능지수를 체크하라고 권유했다. 마침 시험 때마다 만나는, 그야말로 영재가 있었다. 빅3 전국대회에서 전국 1, 2, 3등을 고루 차지한 아주 뛰어난 아이였다.

그 아이가 마침 모 영재센터에서 IQ검사를 했다. 아이큐는 152였다. 우리 아이도 신청을 했다. 2주일을 기다려 테스트를 받았다. 아이는 아주 뛰어났지만 그에 미치지 못했다. 아이는 자기의 지능지수와 친구의 지수를 비교할 것이다. 수치가 10에 가깝게 낮으면 상처 받을 수도 있었다.

그래서 150이라고 말해주었다. 사기진작을 위해서 약간 올린 것이다. 아이는 지금도 150으로 알고 있다.

"응. 현석이와 불과 2밖에 차이가 안 나네."
라고 했다.

나는 설명을 덧붙였다.

"두뇌의 영역은 무한해. 아이큐는 무한한 두뇌 중 불과 3~8% 내에서만 체크한 거야. 체크되지 않은 부분이 90%쯤 된다. 그래서 노력하면 지능지수는 더 계발 될 수 있어."

중학교 1학년이 된 아이는 아이큐 150으로 알고, 150으로 행동하고, 150에 걸맞은 책읽기를 하고 있다.

만약에 그때 "너는 ○○○이다"라고 이야기했으면, 친구보다 10점 가까이 낮은 수치에 아마 실망했을 수도 있다. 친구는 152인데 자신은 떨어진다고 생각하고, 그와의 경쟁에서 지는 게 당연하다고 여겼을 수도 있다. 하지만 아이큐는 큰 문제가 아니며, 게다가 불과 2점 차이는 거의 같은 것이나 다름없다는 말을 듣고, 아이는 자존심에 상처 입지 않았다.

우스갯소리로 아이큐는 자신의 몸무게와 비슷하면 생활하는 데 지장이 없다고 한다.

　실제로 몇 년 전 한 단체에서 조사한 바에 의하면, 서울대학교 신입생 평균 아이큐는 120대였다. 그렇다면 140도, 150도 있고, 110도, 100도 있을 수 있다. 두뇌의 극히 일부분만 체크하는 지능지수는 크게 믿을 것이 못된다. 그보다는 '내가 머리가 된다'는 자신감이 절대적으로 필요하다.

　엄마는 아이가 받아들일 수 있는 선의의 거짓을 말하는 것도 괜찮다. 120인 아이에게 130이라고 하면 수긍할 것이다. 그러면 아이는 130처럼 행동하고, 실제 130과 같은 능력을 발휘할 수 있다.

　배가 아플 때 병원에서 복통 약을 지어주어도 낫지만, 단순하게 설탕물을 주고 '오늘 중으로 낫는 명약'이라고 말하면 씻은 듯이 아픔이 사라지기도 한다. 이는 위약(플라시보) 효과인데, 아이의 두뇌도 마찬가지다. 아직 계발되지 않은 천연림인 아이의 두뇌는 오히려 더 그렇다고 볼 수 있다. 세상의 엄마들이여, 아이에게 능력을 키워주는 거짓말을 하라!

아들이
광고지에 나왔다

"얘, 네 아들이 학원 홍보지에 나왔더라. 축하한다."

소식이 끊겼던 대학교 동창에게서 몇 년 만에 전화가 왔다. 그녀는 이러쿵저러쿵 말을 하다가 학원 전단지 이야기를 꺼낸다. 학원을 홍보하는 전단지에 내 아들의 얼굴과 이름이 실려 있다는 것이다.

그 친구는 신내동에 살았다. 학원은 중계동에 있었다. 중계동의 큰 학원은 원생을 모집할 때 홍보물을 거의 강북 전역과 의정부 일대까지 뿌린다. 그 전단지에 아들이 소개됐다는 것이다.

조금 후에 다른 친구에게서도 연락이 왔다. 아이의 학교 엄마들에게서도 전화가 왔다. 모두가 축하하고 부럽다는 내용이었다. 그중의 한 엄마는 홍보지에 게재를 허용하면 얼마를 받느냐고 물었다.

그런데 정작 나는 홍보 전단지를 보지 못했다. 내 집에는 전단지가 들어오지 않았다. 아이를 데리러 학원에 갔을 때 생각이 났다. 학원의 대형 게시판에 각종 경시대회나 영재원 합격자 명단이 붙어 있었다. 그중에 내 아이의 얼굴도 있었다.

아이는 두 번 이름이 올라와 있었다. 국제수학경시대회에서의 금상 수상과 영재원 합격이었다. 학원에서 보기에 홍보 가치가 충분했다. 그래서 전단지에 아이 얼굴과 학교 이름을 공개한 것 같다. 학원에서 아이는 많은 발전을 이뤘다. 혼자 공부했으면 대회 입상까지는 무리였을 것이다.

하지만 찜찜했다. 아이가 상업적으로 이용됐기 때문이다. 학부모들은 아이가 홍보지에 나오는 것을 좋아하는 경우도 있고, 반대의 경우도 있다. 학원은 학생 사진을 전단지에 게재하기 전에 학부모의 동의를 구한다. 많은 학부모는 개인의 성향을 떠나 학원 선생님의 부탁이기에 사진 게재를 허락한다. 학원에 따라서는 10만 원이나 20만 원의 성의를 표시하기도 한다.

그런데 나는 아무 연락도 받지 못했다. 사진이 실린 뒤 친구들로부터 알게 된 것이다. 긍정적으로 해석하려 해도 유쾌할 수는 없었다. 학원에 '사전에 양해를 구해야 하는 게 순서다'라고 말하고 싶었다.

전화기를 들려다 생각했다. 아이가 크게 싫어하지 않으면 문제 삼을 필요가 없을 듯했다.

아이에게는 은근한 보상심리가 있다. 아이가 즐긴다면 오히려 동기부여가 될 수 있을 거라 생각했다. 그것을 학원에서 홍보 전단지를 통해 이뤄준 셈이다.

아이는 내가 친구들과 통화할 때 귀를 쫑긋 세웠었다. 그리곤 물었다.

"아줌마가 뭐라고 하셨죠?"

"응, 너 참 잘했다고, 축하한다고 하시네."

라고 답했다.

"뭐, 별것도 아닌데……."

라며 쑥스러운 표정을 짓는 아이였지만 입이 모나리자의 그것을 닮아가는 것은 분명했다.

며칠 뒤 학원에 갔을 때 행정실장에게 가볍게 말을 던졌다.

"사진이 나온 것은 좋은데, 미리 말씀은 해주셨어야죠."

행정실장은,

"미안합니다. 다음에는 실수하지 않도록 하겠습니다."

라고 말했다.

책망은 몰래 하고,
칭찬은 알게 하라

"시험이 국, 영, 수, 사, 과만 있니? 음, 미, 체까지 다 포함해서 점수를 따져야지."

중학교 3학년인 딸이 중학교 1학년인 아들에게 큰소리를 친다. 기말고사에서 딸이 아들보다 평균이 높았다. 초등학교 때부터 딸이 시험 성적으로 우쭐했던 것은 이번이 처음이다.

그런데 중학교 3학년 1학기 기말고사에서 평균 1점이 앞섰으니 큰소리가 아니라 기고만장할 만도 하다. 6년이 넘어서 처음으로 동생을 이긴 딸.

나는 둘 다 칭찬을 했다.

"우리 딸, 대단하구나. 평균 점수가 정말 아들보다 높네. 우리 아들은 국, 영, 수, 사, 과는 확실하네. 네 목표를 이루려면 주요 과목을 우선 잘해야 되는데 합격점이네."

둘은 학교도, 학년도 다르다. 그래서 점수로 누가 더 잘했다고는 할 수 없다.

하지만 딸의 기를 살릴 필요가 있었다. 기뻐하는 딸에게 동조를 해 주어야 했다. 이보다 더 강력한 동기부여가 없기 때문이다. 실제로 대견했다. 그토록 마음을 불안하게 하던 딸이 공부에 자신감을 가진 것을 확인했기 때문이다.

딸이 처음 중학교에 입학할 때 심정은 '반에서 10등 안에만 들었으면 좋겠다'였다. 초등학교 때 책을 멀리 해 기초 실력이 워낙 떨어져 믿음이 가지 않았다. 이런 나에게 남편은 질책을 했다.

"당신, 딸을 그렇게 무시하나."

이런 핀잔에도 불구하고 나는 믿지 않았다. 두 살 아래인 아들보다 학습능력이 현저히 뒤진 탓이다.

남편은 딸이 조금만 잘하면 칭찬을 했다. 특히 중학교에 입학하면서부터 횟수가 잦았다. 잘한 것을 보면 어김없이 칭찬했다. 책을 보고 있으면,

"결국 책을 많이 본 아이가 고등학교에 가면 빛을 본다."

암기 과목인 기술과 가정 등에서 시험 점수가 좋으면,

"암기력은 우리 딸이 최고네."

수학 점수가 향상됐으면,

"그래, 중학교 때에는 수학도 외우면 돼. 처음엔 이해를 못해도 외우다 보면 이해가 되지."

영어 공부를 하고 있으면,

"너는 영어를 잘하지. 미국에 다녀온 뒤 자신감까지 붙었네."

또 긍지감을 갖도록 집안 내력을 이야기했다. 은연중에 역사책에 나오는 조상이 공부했던 방법을 말해준다. 슬쩍 지나치듯 말하는 기법으로. 정색해서 말하면 아이가 거부반응을 보일까 봐 남의 이야기하듯 전하는 방법이었다.

딸은 열심히 했다. 기초 실력이 부족하지만 모든 과목을 외웠다. 그 결과 주요 과목인 수학, 과학, 사회, 국어의 점수는 크게 높지 않았지만 기타 과목은 만점에 가까웠다. 그래서 평균 점수가 높았다.

반면 기초 실력이 튼튼한 아들은 주요 과목은 거의 100점에 육박한 반면, 음악, 미술, 체육 등 기타 과목에서 점수를 잃었다. 아들의 기를 죽이면 안 되기에 아들에게서도 칭찬거리를 찾았다. 과학고를 꿈꾸는 것을 염두에 두고 주요 과목만 한정해서 칭찬해 주었다.

그날 우리 가족은 외식을 했다. 사람은 먹으면 흥겨워지기 때문이다. 포식에서 오는 기쁨으로 넉넉해지는 심리가 있다. 아이들은 "네가 잘했니?" "내가 잘했다!"고 설전을 했다. 나와 남편은 "둘 다 잘했다!"였다.

그런데 아이를 칭찬하는 데도 요령이 있다. 좋은 칭찬은 상대의 기분을 좋게 하지만, 잘못된 칭찬은 효과가 반감된다. 자연스럽게 칭찬의 효과를 높이는 방법이 있다.

첫째, 구체적으로 칭찬한다. '옷을 잘 입었다'는 것보다는 '심플한 넥타이가 양복과 잘 어울린다'는 게 더 구체적이어서 듣는 사람의 감정을 자극하게 된다.

둘째, 그 자리에서 칭찬한다. 행동에는 보상이 주어져야 효과가 높다. 그것도 곧바로 칭찬을 받으면 효과 만점이다. 시간이 지나면 느낌이 퇴색한다.

셋째, 많은 사람이 들을 수 있도록 칭찬한다. 사람에게는 인정받고 싶은 욕구가 있다. 그래서 당사자만 들을 수 있는 칭찬보다는 많은 사람이 듣는 것이 효과가 더욱 크다.

왕이
성씨를 내렸다

"너희는 대단한 가문의 아들이고 딸이다."

남편은 가끔 아이들에게 집안 자랑을 한다. 많은 아버지의 말이 그렇듯이, 지금은 경제적으로 어려워도 옛날에는 떵떵거리고 잘 살았고, 철학이 있는 집안이었다는 게 요지다.

그런데 중요한 것은 남편이 눈을 반짝이며 아이들 앞에서 이야기하는 게 아니라 지나치듯이 슬쩍 던진다는 것이다. 이는 심리전이다. 정색을 하면 아이들이 부담을 느끼고, 훈계로 생각할 가능성이 있기 때문이다.

남편이 진지하게 말했다면 아이들은 아마도 "뭘 그래, 지금이 중요하지"라고 맞받아쳤을 것이다. 하지만 초등학생과 중학생 정도면 다

사리분별과 상황 판단이 가능하다. 그렇기에 현재가 중요하다고 느끼면서도, 자신의 정체성, 집안의 역사를 알고 싶어 한다.

남편 생각의 초점은 여기에 있었다. 은근히 자긍심을 키워주고, 뭔가를 할 수 있다는 자신감을 불러일으키려는 노력이었다.

남편은 옛것에 대해 관심이 많다. 역사와 문화에 해박하다. 집안의 뿌리를 찾아 책으로 출간하기도 했다. 책의 제목은 『세종대왕 가문의 500년 야망과 교육』이다. 책을 출간한 목적의 절반은 아이들에게 자긍심을 심어주고, 할 수 있다는 믿음을 주기 위함이었다.

남편은 책이 나오자 아이들에게 다시 말했다.

"조선 최고의 명문이 우리 집안이다. 조상들이 한 것을 보면 우리는 분명히 할 수 있는 능력이 있다."

교육적인 말은 짧은 게 효과적이다.

남편은 역시 짧게, 지나치듯 말했다. 아들이 맞받아쳤다.

"그래도 신빈 할머니는 정실 왕비가 아닌 후궁이잖아."

그러나 아이의 표정은 말씨와는 달리 밝았다. 며칠 뒤 중학생인 딸이 호들갑을 떤다.

"우리 반 아이들이 성씨(姓氏) 이야기를 했어. 그런데 나는 웃고 있었어."

나는

"왜 그랬을까. 너도 자신 있게 말하지 그랬어?"

154

라며 아이의 답변을 유도했다.

아이 왈,

"아 글쎄, 선영이는 자기 집의 성씨를 왕이 하사해줬다는 거야. 나는 조상이 왕인데……."

아이들은 말은 하지 않았지만 뿌리와 집안에 대해 대단한 자부심을 갖고 있었던 것이다. 남편의 작전은 어느 정도 성공한 셈이었다.

남편은 언젠가 아이들에게 이렇게 말했다.

"아빠가 집안 이야기를 하는 것은 과거에 얽매여 자랑하는 게 아니다. 선조들이 한 일을 너희도 할 수 있다는 말이야. 너희들은 그런 능력을 갖고 태어났음을 말하는 것이다."

우리 집은 경제적으로 그리 넉넉하지 않다. 그러나 옛것에 대한 정신 그리고 문화가 넉넉한 집이다.

가문의 영광

초등학교 5학년 때 아들이 일기에 가훈을 썼다.

남편이 은연중에 족보에 관한 교육을 한 결과다. 남편은 수시로 집안에 대한 자긍심과 선조에 대한 감사의 마음, 조상을 모시는 자세 등을 설명했다.

하지만 요즘 아이들, 특히 어린이가 이런 이야기에 관심을 둘 리 없다. 그런데 아들의 일기에는 아빠에게 들은 가문에 대한 이야기가 적혀 있었다. 내심 아빠의 이야기를 진지하게 듣고 있었던 것이다.

우리 집 가훈은 참 길다.

'不責人小過 不發人陰私 不念人舊惡 三者可以養德 亦可以遠害'이다.

이것은 '1) 불책인소과 2) 불발인음사 3) 불념인구악 4) 삼자가이양덕 5) 역가이원해'라고 읽는다.

해석을 하면, 1) 작은 잘못도 책임을 묻지 않는다. 2) 은밀한 이야기를 남에게 말하지 않는다. 3) 나쁜 감정을 마음에 새기지 않는다. 4) 이 세 가지를 하면 덕이 길러진다. 5) 또한 나쁨이 멀어진다.

쉽게 말하면, 1) 너그러히 용서한다. 2) 입을 무겁게 한다. 3) 나쁜 생각과 행동을 하지 않는다. 4) 이렇게 하면 어진 사람이 될 수 있다.

우리 집 가훈은 긴 만큼 담고 있는 뜻도 많다. 가훈은 아빠 친구인 김경호 선생님이 써 주셨다. 가로 13줄, 세로 2줄로 써 주셔서 길쭉하다. 한 달 전 아빠가 가훈을 가져오시기 전에는 관홍장중(寬弘莊重)이라는 가훈이 있었다.

뜻은 관대하고 넓은 마음이다. 이 글은 세종대왕 말씀이다.

남편은 역사에 관심이 많다. 집안에 내려온 족보와 가첩들을 해석하고 정리하는 데 많은 시간을 할애한다. 그렇기에 집안의 내력을 꿰뚫고 있다. 자연히 아이에게 집안 이야기를 한다. 나는 '경제적으로 윤택하지 못함을 옛것에서 보상받으려는 심리작용'이라고 반박도 한다. 돈이 될 만한 요즘 일에 관심을 가지라고 충고도, 잔소리도 한다. 그러나 남편은 자기 생각대로 한다.

우리 집 가훈은 원래 관홍장중이었다. 세종대왕의 후손임을 자랑스럽게 여긴 남편이 결혼과 동시에 정한 가훈이다. 그런데 아들이 5학년 때, 위의 긴 가훈을 택했다. 남편 집안에 1770년대부터 내려온 가훈이었다. 남편의 6대 조부가 양자로 가는 큰아들과 남편의 5대 조부인 작은 아들에게 써 주신 내용이다.

명나라의 홍자성이 쓴 채근담에 나오는 구절인데, 삶의 지침으로 삼으라는 말씀과 함께 적어 주셨다고 한다. 하지만 원본은 한국전쟁 때 소실됐다. 글이 너무 길고 내용이 많아 집에서는 거의 잊혀져 있었다.

그런데 남편이 집안 글들을 정리하다가 아이들에게 교훈이 될 내용으로 생각하고, 친구 분인 김경호 선생님에게 부탁해 멋진 글로 다시 빛을 보게 한 것이다. 가훈을 써 주신 김경호 선생님은 한국사경연구회장이다. 대통령 취임 사경과 인도네시아 대통령에게 선물할 사경도 제작한 분이다. 남편은 이 문구를 거실 한 쪽에 부착하고, 아이들에게 뜻을 설명했다. 그러나 중학교 1학년인 딸은 전혀 관심이 없다는 듯 바로 자리를 떴고, 아들만 곁눈질하면서 들었다.

남편은 그 후에도 몇 차례에 걸쳐 가훈의 뜻과 배경 그리고 조상들의 이야기를 하곤 했다. 아들은 남편의 이야기를 다 들었다. 은연중에 그 결과가 가훈을 일기에 쓴 것으로 나타났다.

남편은 사람이란 그 뿌리를 알 때 무언가를 실천할 수 있는 힘이 나타난다고 했다. 남편의 말을 듣다 보니 아이에게 가훈은 하나의 동기 부여일 수 있다는 생각이 들었다.

칭찬에
굶주린 아이

"이 정도 성적이면 다른 집에선 난리 났을 텐데……."

중학교 3학년 2학기 중간고사를 마친 딸이 투덜거린다. 형식은 불만이지만 내심 자랑이 섞여 있다. 성적은 발표되지 않았지만 가채점을 한 결과 평균이 95점을 넘었다. 1학기 때 전교 1등을 한 같은 반 친구는 97점이었다. 따라서 딸은 학급에서 2, 3등에 전교 성적도 10등 안에 들 가능성이 있었다.

딸은 대단히 고무돼 있었다. 묻지도 않은 말을 자주 한다. 친구 누구는 무엇을 했다, 어떤 친구는 수업 시간에 잠을 잔다 등이다. 미주알고주알 다 이야기한다. 이번 시험으로 자신감을 단단히 얻은 게 분명하다.

엄마, 아빠의 반응이 기대에 미치지 못했는지 딸은, "내가 좋아하는 선덕여왕도 안 보고 공부했다, 학원도 잠깐밖에 안 다녔다." 등 관심 받으려는 말을 계속한다.

"우와, 우리 딸 대단하네. 이렇게 계속하면 고등학교에서는 정말 잘하겠다."

고 몇 차례 칭찬을 했다.

남편은 우스갯소리로 칭찬을 대신했다.

"엄마는 네가 중학교 때 학급에서 10등 안에만 들어도 좋겠다고 했었어. 아빠는 '무슨 소리 하느냐?'고 엄마를 질책했지. 아빠의 믿음대로 딸이 잘하고 있는 거야."

나는 아이에게 칭찬을 충분히 한 것으로 생각했다.

그런데 아이는 엄마, 아빠의 칭찬이 양에 차지 않았던 모양이다.

사람은 본능적으로 칭찬에 굶주려 있다. 작은 성취도 크게 칭찬 받고 싶은 게 인지상정이다.

하지만 사람은 상대의 이런 입장을 등한시한다. 상대에 대해서는 완벽하기를 바라는 나쁜 습성 때문이다. 나는 부족하지만 내 남편은 완벽한 사람이기를 원한다. 남편도 그렇다. 아내는 흠잡을 데가 없기를 바란다. 데이트를 할 때에는 서로 칭찬일색이었는데 결혼 후에는 심드렁해지는 근본적인 이유가 여기에 있다.

연애할 때에는 멋지고 아름다운 장점만 보였는데, 결혼 후에는 유능한 사람이 아님을 알게 된다. 그래서 칭찬보다는 비난과 잔소리가 많아진다. 결혼 생활 중 상대가 미워지고 마뜩치 않은 부분이 보이는 것은 칭찬이 실종된 결과이기도 하다.

아이에 대해서도 눈높이가 다르지 않다. 특히 배우자에게서 받은 실망을 아이를 통해 보상받으려는 심리도 있어 더 기대가 크다. 완벽을 바라는 마음이 갈수록 깊어진다. 초등학교 때에는 100점을 받아야만 "잘했다"는 말이 나오고, 중학교, 고등학교 때에는 평균 90점을 넘어야 납득을 한다.

만약에 90점 이하이고, 학급에서 상위권을 유지하지 못하면 칭찬은 실종되고 비판과 비난이 쏟아진다. 아이에게 완벽을 바라는 것이다. 아이는 상처를 받게 마련이다. 칭찬을 받을 성적임에도 불구하고 비난을 받으면 얼마나 속이 상하겠는가. 일부는 낙담한다. 자신감을 잃어버린다.

이때 좋은 방법은 엄마의 눈높이를 낮추는 것이다. 하지만 이게 어디 쉬운가. 또 다른 방법은 칭찬을 한 뒤 비판을 하는 것이다.

"그래, 잘했구나. 수고했다. 수학과 과학은 95점씩이네. 노력한 결과가 나왔구나. 하지만 사회와 체육이 80점씩이네. 이 부분은 조금 더 열심히 하면 좋겠구나."

칭찬은 사람을 다루는 비결이다. 특히 청소년은 더욱 그렇다. 물론 무작정 하는 칭찬은 다시 생각해야 한다. 자칫 버릇없는 아이, 사회성 없는 아이가 될 소지도 있기 때문이다. 많은 부모가 이런 점을 걱정해 칭찬을 적게 한 뒤 비판을 하기도 한다. 더군다나 칭찬을 해도 예상된 결과가 나오지 않았다는 사실 때문에 감정적으로 비판하기도 한다. 그런데 비판은 습관이 된다. 그러면 아이는 상처 받게 된다. 아이는 정서적으로 혼란도 일으킨다.

가령, 피아노를 치는 아들의 모습을 본 엄마는 말한다.

"오늘 참 연주를 잘했다. 실력이 너희 반에서 최고구나."

이 말을 들은 아들은 자신감과 자만심에 연습을 게을리 한다. 이에 곧 엄마는 비난의 화살을 날린다. 서서히 문제아로 변한다. 아들은 생각한다.

"어떻게 해야 할지 모르겠어요. 언제는 잘한다고 칭찬하고, 이제는 혼을 내고……."

이때 칭찬의 방법이 중요하다. 동기부여를 하는 칭찬을 해야 한다.

"아들, 피아노 실력이 대단하구나. 이처럼 노력하니까 매일 놀랄 정도로 발전이 있구나. 다음 대회 때에는 더 잘 치겠구나."

이렇게 말하면 아이를 자만심에 빠지지 않게 하면서 더 노력하게 만들 수 있다.

또 칭찬을 할 때 항상 긍정어를 써야 한다. 부정어가 섞이면 아이의 기분이 나빠진다. 기분 좋게 말해 동기부여를 해야 내면의 능력을 끌어낼 수 있다.

사람은 칭찬에 굶주려 있다. 아이도 칭찬에 굶주려 있다. 아무리 칭찬을 해도 배부르지 않는다. 다만, 동기부여를 하는 칭찬을 해야 한다.

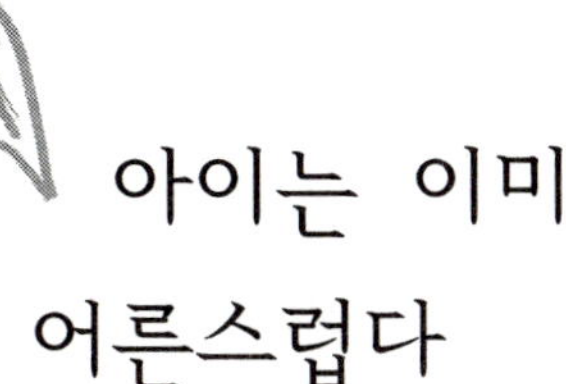

아이는 이미
어른스럽다

초등학교 5학년인 둘째가 캠핑을 갈 때다.

엄마 : 캠프에서 친구들과 햄버거를 같이 사먹되, 낭비는 하지 마라. 자
　　　고 나서 옷도 깨끗한 것으로 입고, 방 안 정리정돈도 잊지 말고.

아들 : 알았어요.

엄마 : 약도 시간 맞춰서 먹고, 밤에 야외에 나갈 때에는 속옷을 하나
　　　더 입어야 한다.

아들 : 알았다니까요. 제가 어린앤 줄 아세요.

아빠 : 맞다. 네 말이 맞다. 엄마가 너무 관심을 보이시는구나.

아들 : 그렇죠. 아빠, 엄마는 말씀이 너무 많아요. 저를 언제나 어린애
　　　취급하세요.

아빠 : 맞아. 초등학교 5학년이면 모든 것을 할 수 있는 나이다. 특히
　　　 아들은 정말 잘할 수 있는 아이다.

아들: 네.

아빠 : 그러나 엄마 말씀도 잊어서는 안 된다. 엄마가 많은 사랑을 보인
　　　 것일 뿐이지, 네 능력을 인정하지 않은 것은 아니다. 엄마의 사
　　　 랑과 관심을 생각해서 행동할 때 신중해야 한다.

아들: 네.

순간, '내가 과잉보호를 하고 있다'라는 생각이 들었다.

여든의 어머니가 밤늦게 돌아오지 않는 쉰의 아들을 마중 나간다. 이것이 부모의 마음이다. 부모의 눈에는 자식이 노인이 되었어도 어리게만 보인다. 엄마는 특히 그렇다. 눈에 넣어도 아프지 않을 아이는 언제나 부족하고 불안해 보인다.

하지만 어린이도 사고할 수 있고, 판단할 수 있고, 위험을 피할 수 있는 능력이 있는 인격체다. 자칫 엄마의 지나친 관심과 배려가 아이의 적극성을 꺾는 잘못된 결과로 이어질 수도 있다. 아이가 스스로 판단하고 결정할 수 있는 한발 떨어진 배려가 필요하다.

chapter 6

엄마는 꿈으로 말한다

교육의 중요한 목적 중 하나는
세상을 보는 창문을 넓히는 것이다.
―아놀드 글래소우

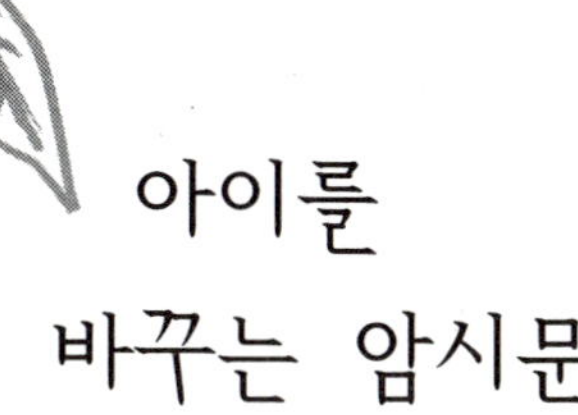

아이를
바꾸는 암시문

1. 나중으로 미루지 말자.

2. 하기 싫은 것부터 먼저 하자.

3. 무엇을 먼저 해야 하는지 생각하자.

―아빠가 씀―

친구 집을 방문했을 때 위의 문구가 눈에 띄었다.

초등학교 2학년인 아들에게 아빠가 써준 글이다. 이 집엔 중학교 1학년인 딸과 초등학교 2학년 아들이 있다. 중학교 1학년 딸은 학급에서 1, 2등을 다툰다.

그런데 친구 부부는 딸보다 아들의 학습 능력을 더 믿는다. 아들은 주위에 영재로 소문이 나 있다. IQ테스트에서 전국 0.1% 안에 든 데다 유명 사설 영재원에서 교육을 받고 있기 때문이다.

독특한 그림 실력, 뛰어난 학습 능력 그리고 어른도 생각지 못했던 깊이 있는 말을 하는 아이를 볼 때 '수재'라는 생각이 절로 든다. 당연히 엄마는 아이에게 목숨을 걸었다. 권위 있는 교육원에 입학시키고 또래 아이보다 몇 단계 위의 공부를 시켰다.

그런데 아이가 숙제를 잘 하지 않는다. 지금 당장 해야 하는 것도 미루고 미룬다. 학원에 가기 전에 부랴부랴 한다. 그러다 보니 대충 하기도 한다. 그래서 엄마로부터 혼나는 경우도 잦았다.

이를 본 아빠가 아이에게 글을 써 책상에 붙여놓은 것이다. 아빠의 정이 물씬 풍기는 글귀.

그런데 한 번 생각해 볼 필요가 있다. 암시 문구는 특정 목적을 위해 쓴 글귀다. 글귀를 읽다 보면 자신도 모르게 저절로 그런 상태가 되어야 한다.

프랑스의 약사인 에밀 쿠에는 "나는 매일 점점 좋아지고 있다"는 문구를 하루에 15차례씩 환자들로 하여금 낭송하게 한 결과 환자들의 회복 속도가 극히 높아짐을 발견했다. 인디언 속담에도 "1만 번만 외치면 원하는 바가 이루어진다"고 했다. 이는 모두 잠재의식을 자극한 결과다.

그러나 무작정 외우고 외친다고 뜻한 바가 달성되는 것은 아니다. 효과를 볼 수 있는 자기암시 문구가 있다.

제대로 된 암시 문구는 최소한 세 가지가 부합되어야 한다.
첫째, 1인칭이어야 한다.
둘째, 현재형이어야 한다.
셋째, 절대 긍정이어야 한다.

이런 측면에서 나와 남편, 친구와 친구의 남편 4명이 문구를 살펴봤다. 그리고 다음과 같은 결론이 나왔다.

1. 나중으로 미루지 말자.

아주 좋은 내용이지만 '나중', '미루다', '말자'는 부정적인 단어다. 따라서 "나는 숙제를 한 뒤 쉰다"라고 하는 게 바람직하다.

2. 하기 싫은 것부터 먼저 하자.

하기 싫은 것을 먼저 끝내면 마음이 편해진다. 하지만 어린

아이의 경우 하기 싫은 것을 먼저 하기가 쉽지 않다. 차라리 쉽고 재밌는 것부터 먼저 하는 게 더 좋지 않을까. 따라서 "나는 모든 것을 재미있게 한다"는 것이 좋을 듯하다.

3. 무엇을 먼저 해야 하는지 생각하자.

아주 소중한 말이다. 이렇게 해야 한다. 그러나 어린이에게는 부담이 아닐까. 이런 경우는 "나는 중요한 것부터 한다"로 하면 좋을 듯하다.

며칠 뒤 아이의 책상에 암시 문구가 바뀌었다.

1. 나는 숙제를 한 뒤 쉰다.

2. 나는 모든 것이 재미있다.

3. 나는 중요한 것부터 한다.

—아빠가 씀—

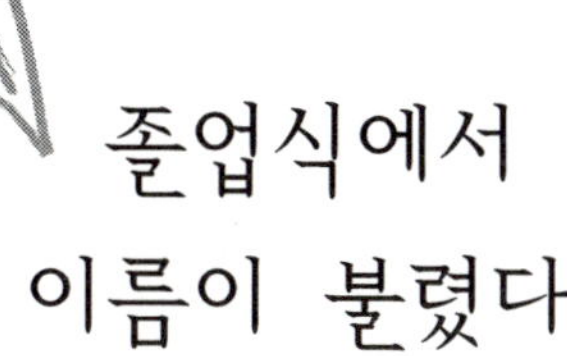

졸업식에서
이름이 불렸다

2007년 2월.

큰아이가 초등학교를 졸업했다. 6년 동안 다닌 학교를 떠나는 아이. 좀 더 성숙해 보였다. 이젠 어린이가 아닌 청소년이라는 생각이 들었다. 아니 벌써―.

이날 졸업식은 여느 졸업식과 다른 특색이 하나 있었다. 학교 특색보다는 개인 취향이었다. 학교 발전에 도움을 준 국회의원이 축사자로 초청되었다. 그는 학교의 숙원사업이 해결되도록 많은 일을 했다. 학교에서는 감사의 표시로 졸업식 축사를 의뢰했다.

졸업식 축사라는 게 한결 같이 공자님 말씀이다. "사회에 나가 큰 인물이 되기 위해―" 등등의 이야기다. 수십 년간 이런 연설은 변하지 않았다.

내가 초등학교를 졸업할 때에도, 중학교 문을 나설 때에도, 고등학교와 '영원히 안녕' 이라고 손을 흔들 때에도, 심지어 대학 졸업식마저도 지루하고 어디서나 들을 수 있는 '바른생활 이야기'는 똑같았다. 대상과 말하는 이가 달랐을 뿐이다.

이날도 그런 연설이라 지레짐작했다.

그런데 단상에 선 축사자는 "공부 열심히 해서 나라의 기둥이 되라"는 판에 박힌 말 대신 졸업생 120명의 이름을 모두 불렀다.

그는

"제가 여러분의 이름을 부를 때 '나는 훌륭한 사람으로 크겠다'는 자기암시를 하기 바란다."

며 정이 넘치는 목소리로 120명 아이들의 이름을 부르는 것으로 축사를 마쳤다. 살갑게 이름을 부름으로써 판에 박힌 설득이 아니라 '사랑의 메시지'를 보낸 것이다.

그는 이름을 부르면서 아이와 눈맞춤을 시도했다.

파격적인 축사.

그래서 더욱 의미가 있었고, 생각을 하게 한 메시지였다. 학생들과 학부모들의 가슴으로 그 무엇인가가 전해져 왔다.

축사를 들으면서 김춘수의 시가 생각났다.

"내가 그의 이름을 불러 주기 전에는

그는 다만

하나의 몸짓에 지나지 않았다.

내가 그의 이름을 불러 주었을 때

그는 나에게로 와서

꽃이 되었다.

내가 그의 이름을 불러준 것처럼

나의 이 빛깔과 향기에 알맞은ㅡ."

이름과 연관돼 또 한 가지 생각이 떠올랐다.

"이름을 불러 주니까 참 좋네." "그 이름을 불러 주는 사람이 진정으로 당신을 생각하는 사람이야."

예전에 인기를 끌었던 TV 드라마 '하얀거탑'의 한 장면이다. 의료 사고로 피소된 외과의사 장준혁이 괴로움에 여자 친구가 운영하는 카페를 찾았다. 장준혁은 그곳에서 모처럼 여자 친구의 이름을 부른다. 이에 다정함을 느낀 여자친구가 '자연인의 이름을 불러주는 사람이 마음속을 아는 진정한 친구'라고 화답한다. 그녀는 사람이 지위를 가지면 직함을 부르게 되는데 그것은 살가움과는 거리가 있다고 본 것이다. 이처럼 직함이 아닌 자연인의 이름을 부르면 더 호감 가는 경우가 많다.

2007년 2월 초등학교를 졸업한 딸과 친구들도 그러했을 것이다. 축사자는 어떤 값진 말보다도 의미 있는 것은 사람의 이름을 불러 주는 것이라고 생각했다고 한다. 그는 말했다.

"눈에 넣어도 아프지 않을 새싹들이 바르고 훌륭하게 성장하기를 바라는 마음에서 이름을 부르겠습니다. 자기의 이름이 불려질 때 크게 생각하는 마음을 갖기 바랍니다. 빠르게 이름을 부르는 것으로 치사를 대신하겠습니다. 이서원 일꾼, 강병훈 일꾼, 최필웅 일꾼, 정영준 일꾼, 손소연 일꾼…."

명사가 자기의 이름을 불러줄 때 아이들의 심정을 어땠을까.

"훌륭한 사람이 되라"는 판에 박힌 말보다는 무언가를 생각하는 어린이가 많았을 것이다.

2006년에 한국인 최초로 하버드대 케네디스쿨 총학생회장에 당선된 최유강은 "이름을 불러 달라"는 독특한 홍보로 청중을 사로잡았다.

최유강이 행정전문대학원인 케네디스쿨 신입생 오리엔테이션에 참석했을 때, 30초씩의 자기소개 시간이 있었다. 이때 최유강은 여느 학생과 달리 연단에서 딱 세 마디를 외쳤다.

"Give me a 'Y'('Y'라고 불러주세요)!", "Give me a 'K'('K'라고 불러주세요)!"

학생들은 "Y~!", "K~!"라고 큰소리로 화답했다. 학생들의 함성을

들은 최유강은 "내 이름은 YK 최, 한국인입니다"라고 소개를 마쳤
다.

그는 이름을 확실하게 인식시킨 것이다. 이것은 몇 달 후 학생회장
선거에도 많은 영향을 미쳤다.

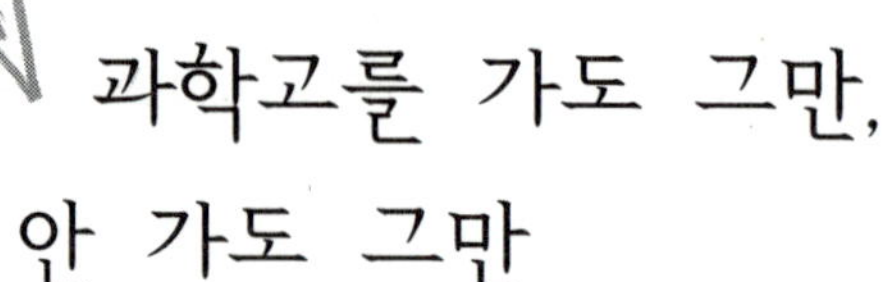

과학고를 가도 그만,
안 가도 그만

"과학고에 보내려면 초등학교 5학년 때부터는 준비해야 되는데……."

친하게 지내는 한 학부모의 이야기다. 그 엄마는 아들을 과학고에 보내는 게 목표다. 이를 위해 아들이 5학년이 되자마자 아예 학원이 밀집한 중계동으로 이사를 했다.

이제 내 아이도 5학년. 고민이 됐다. 과학과 수학에 관심이 많은 아이. 과학고에 갈 수 있으면 더할 나위 없이 좋겠다.

하지만 준비 과정이 만만찮다. 한참 키가 커야 할 나이에 학원에서 책과 씨름해야 한다. 책도 입시용 책이다. 심하게 표현하면 수학과 과학만 비정상적으로 깊게 공부하는 것이다.

하나를 얻으면 하나를 잃는 게 세상의 이치다. 학원에서 과학과 수학을 공부하고, 집에서 학원 숙제를 하면 당연히 그 분야의 성적은 올라간다.

하지만 그 시간에 다른 책을 보지 못해 사회, 국어, 영어 등 다른 분야의 공부는 상대적으로 처질 수밖에 없다. 인생의 긴 흐름을 볼 때 초등학교 때 많은 책을 읽는 게 사고력을 풍부하게 하는 방법일 듯 싶었다. 그러나 과학고에 다니면 인생의 기회가 더 많이 생길 가능성이 높다는 것도 사실이다.

또 하나 문제는 아들의 체력이 약하다는 점이다. 운동을 시키고 싶었다. 이런저런 생각을 했다.

결국 과학고에 꼭 보내겠다는 목표의식을 분명히 하지 못한 채 특목고 대비 학원에 등록을 했다.

먼저, 특목고에 가지 않거나 못 가더라도 실력이 부쩍 향상된다는 점이 마음을 움직였다. 또 특목고를 가려면 이 시기부터 본격적인 준비를 해야 된다는 현실적인 조건도 작용했다. 마음을 결정하지 못했지만 혹시 공부 기회를 놓칠까 봐 우선 학원에 등록시킨 것이다.

남편 친구의 아들은 중학교 1학년 때 과학고 준비를 시작했다. 결과는 낙방. 너무 늦게 시작했다는 게 패인으로 분석됐다. 그러나 과학고 준비 과정에서 선행 학습을 충실히 해 일반고에서 1, 2등을 다퉜다. 그리고 수시로 서울대 공대에 합격했다.

같은 아파트 위층에 사는 여학생은 외국어고에 응시했으나 예상외로 낙방했다. 중학교 교사도 의외로 받아들일 정도였다. 일반고를 다닌 그 학생도 내신이 좋아 서울대 공대에 입학했다.

주위의 예로 볼 때 과학고에 가면 더 좋고, 과학고에 못 가더라도 준비를 하면 일반고에서 두각을 나타낼 확률이 높음이 분명했다. 학부모 사이에 "특목고는 못 가도 특목고 학원에는 가야 한다"는 게 이 같은 이유 때문이다.

하지만 학원에 보낸다고 다 과학고에 들어가는 것은 아니다. 1% 안에 들어야 한다. 전국 51개 과학고, 외국어고, 국제고의 평균 경쟁률은 4~5대 1이다. 모 학교는 57대 1의 경쟁률을 보이기도 했다. 학원들은 최상위권 아이만 집중적으로 교육을 시킨다. 어차피 합격자는 이 집단에서 나오기 때문이다. 우리 아이가 다닌 학원은 10등급으로 학생을 나눴다.

그런데 특목고 시험을 보는 아이는 최상위 1집단이다. 범위를 넓혀도 그 다음 최상위 2집단에 불과하다. 나머지 8개 집단의 학생은 특목고를 향한 들러리나 조연쯤으로 볼 수 있다.

경제적 부담도 크다. 학원비는 한 달에 60만~70만 원. 어떤 아이는 과외도 하기 때문에 100만 원이 넘기도 한다.

과학고 전문학원에선 초등학교 5학년 때 중학교 1, 2학년 과정의 진도를 나가고, 6학년 때 중학교 3학년 과정을 마친다. 중학교 1학년

땐 벌써 고등학교 1학년 과정을 공부한다. 중학교 2학년이 되면 어느새 고등학교 2학년 과정을 끝내고 경시대회 준비에 매달리거나 과학고 시험 기출문제 풀이를 시작한다. 과학도 초등학교 때 이미 중학교 과정을 모두 끝낸다. 중학교 때에는 역시 고등학교 과정을 공부한다. 전반적으로 3년 먼저 간다고 볼 수 있다.

이에 앞서 초등학생들에게 경시대회에 참가하게 해 시험에 대한 적응력을 키워준다. 전국 단위의 학원 자체 경시대회가 있고, 권위 있는 단체의 경시대회가 있다.

이중에 몇 명은 전국 단위의 대회에서 입상을 해 국제경시대회에 출전하기도 한다. 이런 학생은 학원에서 특별 관리를 한다. 다른 학원으로 옮기는 것을 막기 위해 인간적인 신뢰를 쌓는 것이다.

나는 학원에 보낸 뒤 마음을 접었다. 일단 아이가 하고 싶어 하면 계속 보내고, 힘들어 하거나 귀찮아하면 중단시킬 참이었다. 하지만 아이는 계속 다니겠다고 했다. 그래서 격려를 해주었다.

"학원에 다닌다고 다 과학고 가는 것은 아니야. 하지만 노력하면 할 수 있어. 설사 운이 따라주지 않는다 해도 실력은 네 안에 있으니까. 일반고로 가도 거기서 우수한 성적을 받을 가능성이 높아. 다른 아이들이 수학, 과학에 매달릴 때 너는 영어와 다른 과목을 공부하면 훨씬 경쟁력이 있단다. 또 이번에 세종과학고도 생겼으니까 과학고 문은 많이 넓혀졌어. 160명 증원. 대단하지? 한 번 도전해 보거라."

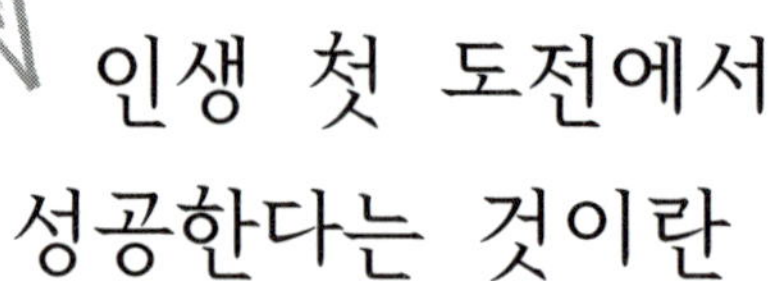

인생 첫 도전에서
성공한다는 것이란

초등학교 2학년 아들이 책에 푹 빠졌다.

사회, 역사, 인물 등 분야를 가리지 않았다. 특히 과학 분야도 재미있게 읽었다. 나는 아이에게 읽은 내용을 물어 관심을 표했다. 아이는 신이 나서 이야기했다. 인정받는 기쁨을 알아가고 있었다.

아이는 책에 더욱 몰입했다. 그 무렵 춘천 소양도서관의 독후감 대회 공고가 났다. 또래에 비해 책을 많이 읽고, 생각이 깊어 수상 가능성이 있겠다는 생각을 했다.

하지만 이것도 일종의 시험이었다. 그것도 인생 첫 시험이었다. 수상하지 못하면 자칫 마음의 상처를 입을 수도 있다. 은근히 책 많이 읽는 아이를 자랑하고 싶은 내 이기적인 마음과 아이의 입장을 생각해 보았다. 놀러가는 기분으로 응했으면 좋겠다는 생각이 들었다. 수상하면 더욱 좋고, 못하면 "이런 게 있구나"라며 시험 분위기에 적응해 가면 좋겠다는 기분이 들었다.

다행히 직접 대회장에 나가는 게 아니라 원고를 인터넷 사이트에 접수시키는 형식이었다. 아이의 부담이 그만큼 줄 수 있었다.

그러나 '처음'의 의미 때문에 생각을 되뇌었다. 처음은 단순하게 한 번의 의미가 아니다. 성공하면 자신감이 극대화되는 반면, 실패하면 정반대의 역효과가 나타날 수 있다. 그래서 여건이 무르익었을 때, 자신감이 있을 때 도전하는 게 좋다.

이런 면에서 아이는 또래보다 앞선다는 판단이 들었다. 아이가 가장 잘할 수 있는 분야, 가장 흥미를 갖고 있는 내용으로 접근하기로 했다. 제시된 도서는 운 좋게도 아이가 모두 읽은 것이었다. 여러 책 중에서 걸리버 여행기를 권유했다. 과학과 모험이야기를 즐기기에 부담으로 여기지 않을 것이라고 생각했기 때문이다.

첫 시험. 아이에게 최적의 상태를 만들어줘야 했다. 아직 어떻게, 무엇을 써야 하는지 모르는 아이에게 질문으로 창의력과 도전 의지를 이끌어냈다.

아이가 자연스럽게 대답할 수 있도록 "어떤 종류의 책을 좋아할까?" 등의 여러 답이 나올 수 있는 개방형 질문을 했다. 이어 "걸리버는 어디를 여행했을까?"로 폐쇄형 질문이지만 가볍게 물었다.

아이는 알고 있는 내용은 신이 나서 말한다. 다시 물었다.

"걸리버는 거인국에서 옷을 어떻게 입었을까?"

과학적 상상력을 끌어내는 질문이었다. 아이는 책에 나온 내용을 말했다.

"거인국은 보통 사람보다 12배나 크죠. 그러나 옷감은 12배가 아니라 144배가 필요해요."

기회를 놓치지 않고 물었다.

"그렇다면 왜 12배가 아니라 144배일까?"

아이는 수학 학원에서 배운 것까지 포함해서 설명한다.

아이는 엄마와 아빠와의 오랜 이야기를 통해 걸리버 여행기 중에서도 '거인국의 옷'에 대해서만 쓰기로 했다. 어린아이는 부모를 절대적으로 믿는다. 부모가 도와주면 상을 받을 것이라고 믿는다. 만약에 상을 못 받으면 크게 실망할 수 있다. 그 점을 여러 번 설명했다.

"이번은 네가 아는 것을 정리하는 것만으로 만족하자. 상을 받는 것보다 엄마가 잘 썼다고 하면 되는 거야."

아이에게 전 대회의 수상작품 몇 가지를 보여줬다. 흉내를 내라고 했다. 모방은 최고의 교육이다. 좋은 글을 보고 베껴 쓰면서 자신의 생각을 더하는 것이 가장 좋은 글이라고 말했다.

아이는 글을 열심히 썼다. 또래에 비해선 뛰어났지만 수상까지는 무리였다. 글을 남편이 꼼꼼하게 살폈다. 옷에 관련된 내용이 수학적으로 잘 설명돼 있었다. 그런데 도입 부분이 어색했고, 마무리 부분도 밋밋했다. 지난 대회에서 상을 받은 글을 보여주면서 남편이 설명했다.

"잘 쓴 글들은 처음에 자신의 생각을 넣었지. 상상하는 것, 되고 싶은 것으로 시작했구나. 마지막엔 물음표로 마쳤네."

남편은 아이가 관심을 보이자 계속 설명했다.

"거인국 사람이 우리나라에 살면 어떻게 될까?"

아이는 답했다.

"거인들이 밥을 다 먹어서 우리나라 사람들이 굶어죽겠죠."

아빠는 힘을 얻어서 이야기했다.

"마지막 부분에는 네 생각을 얹어서 거인들이 우리나라에 살면 어떻게 될 것인지를 쓰면 좋겠다."

이런 과정을 거쳐 한 편의 독후감이 완성됐다. 아이의 창의력에 다가 상상력을 이끌어낸 엄마, 아빠의 노력이 곁들여진 작품이었다. 뼈대는 아이가 만들었고, 부분적인 인테리어는 부모가 했다.

다행히 특별상을 수상했다. 전체적으로 2등에 해당하는 상이었다. 심사평에는 다음과 같은 내용이 있었다.

"거인의 옷을 수학적으로 설명한 게 참신했다."

이는 아빠의 생각이기도 했다. 새로운 것, 특별한 것, 독특한 것을 끄집어낸 대화의 승리이기도 했다.

아이는 부상으로 50권짜리 아동용 전집을 받았다. 또 학교신문에
도 소개가 됐다. 그러나 학교신문 소개보다도, 부상보다도 더 큰 것
은 아이가 자신감을 갖게 됐다는 점이다.

3학년이 되자 학교에서 매일 쓰게 하는 인성(일종의 논설문)에 대
해 부담을 느끼지 않았다. 대회에서 상을 받았다는 자부심이 글을 잘
쓴다고 스스로를 믿게 한 것이다.

소인국의 식량난

-걸리버 여행기를 읽고-

서울○○초등학교 2학년 이○○

나는 가끔 이런 생각을 한다.

"내가 슈퍼맨이라면…….", "내가 아인슈타인보다 더 위대한 과학자
가 된다면……."

걸리버 여행기는 이처럼 상상의 나래를 맘껏 펼친 모험 이야기다.
1726년 영국인 작가 조나단 스위프트가 완성한 이 작품은 신기하고도
재밌는 얘기로 가득 찼다.

평범한 의사인 걸리버가 바다에서 조난을 당한 뒤 소인국인 릴리펏

과 거인국인 브롭딩낵을 거쳐 공중에 떠 있는 섬 라퓨타, 말의 나라 휴이넘을 넘나들며 겪는 황당무계한 내용이 상상력을 자극한다.

현실에서 이뤄질 수 없는 일이기에 더욱 흥미로운 이 소설에는 수학의 비밀이 숨어 있다.

소인국 사람들이 걸리버에게 준 음식과 의복 등에서 수학적 치밀함을 볼 수 있다. 당시 영국 사회에서 사용되던 12진법이 그대로 나타나는데, 걸리버의 키와 너비는 각각 소인국 사람의 12배다.

이에 소인국 사람은 키와 너비를 곱한, 즉 자신들의 옷보다 144배인 의상을 걸리버에게 제공했다. 소인국 재봉사가 옷 한 벌을 만드는 데 이틀이 걸린다. 따라서 한 명이 288일을 일해야 걸리버의 옷 한 벌을 만들 수 있는 셈이다.

소인국 사람에겐 걸리버의 식사도 문제였다. 걸리버의 키가 소인국인들의 12배이지만 부피는 1,728배(12×12×12)다. 따라서 소인국 사람 1,728명의 음식이 걸리버 한 사람에게 필요한 것이다.

그런데 만약 걸리버보다 키가 12배 큰 거인국 사람이 소인국에서 생활하면 어떻게 될까. 거인국 사람은 소인국 사람보다 키가 144배이기에 옷은 2만 736배 커야 한다. 또 먹는 양은 298만 5,984배(144×144×144)에 이른다.

결국 거인국 사람이 소인국에 오래 머물면 소인국은 식량난으로 무너질 게 뻔하다. 물론 걸리버가 주저앉았어도 경제난으로 소인국은 오래 갈 수 없었을 것이다. 작가가 소인국의 연간 식량 총생산량을 밝히지 않아 소인국의 존속 기간을 계산할 수는 없다. 하지만 '반만 년의 유구한 역사' 등의 이야기는 있을 수 없다는 점은 분명하다.

잠재된 아이
두뇌력의 비밀

사람은 지능지수에 현혹되기 쉽다.

엄마들이 모이면 으레 "누구는 IQ가 150이다", "어느 학교 1등 하는 아이는 지능지수가 130이다"라는 말을 곧잘 한다.

하지만 IQ 높은 아이들이 다 공부 잘하는 것은 아니다. 여기에 IQ의 함정이 있다. 지능지수는 인간 능력의 극히 일부분에 불과하다. 뇌 과학자들은 인간의 두뇌는 밝혀지지 않은 부분이 훨씬 많다고 말한다. 지능지수도 학자마다 다르지만 인간 능력의 3%에서 8%까지만 체크할 수 있다고 한다. 달리 말하면 인간은 90%의 능력이 숨겨져 있다는 것이다.

한글을 빨리 읽고, 숫자를 빨리 셈하고, 영어 단어를 빨리 외우고 하는 것 등은 지능지수 수치를 높게 할 수는 있다. 하지만 다양한 능력이 전부 체크되는 것은 아니다.

지능지수를 맹신하기보다는 아이의 장점을 찾는 게 진정한 부모의 역할이다. 장점을 찾아 그 능력을 계발해주면 성장 가능성이 무한히 높아진다.

사람은 다 다르다. 지각 능력이 뛰어난 아이가 있고, 창의력이 높은 아이가 있고, 기억력이 좋은 아이가 있다. 그 무엇인가는 좋아하거나 잘하는 것이 있다. 좋아하는 것은 계속하기에 잘하게 돼 있다.

나는 둘째의 장점을 이사하는 날 발견했다.

숫자도 모르고 한글도 모르고 학습놀이에 관심조차 보이지 않아 엄마 속을 끓이게 했던 다섯 살 아들이 한 그림만 유심히 보고 있었다. 이삿짐을 정리하는 중이라 아이에게 신경을 쓰지 못했다. 그 사이 아이는 싱크대 문을 열고 바닥에 그려져 있는 아파트 설계도를 보고 있었다. 집 정리를 대충 끝내고 아이를 불러도 신기한 듯 재미있게 30분 이상 그림을 보았다.

"애가 저 복잡하고 재미도 없는 그림을 왜 볼까?"

이때 남편이 "얘는 머리가 아주 좋은 아이일지도 몰라"라고 말했다. 영재성이 있을 가능성이 높다고 말했다. 한 가지에 집중하는 것은 영재들의 특징이라고 했다.

며칠 뒤에는 아이가 그림을 그렸다. 승용차의 유량게이지였다. 엄마, 아빠가 스쳐지나가는 유량게이지를 작은 눈금까지 정확하게 그렸다. 조금 부풀리면 정밀화를 보는 느낌이었다. 남편과 나는 아이를 칭찬했다. 아이는 재미있어 했다. 자기가 좋아하는 것을 아빠와 엄마가 칭찬해줬기 때문이리라.

이후 아이는 유량게이지의 숫자를 바탕으로 금세 숫자를 알게 됐다. 숫자를 안 뒤에 교재 없이 한글을 깨쳤다. 또래보다는 1년이 늦었지만 불과 보름 정도에 일어난 놀라운 변화였다.

이후 아이는 동네 아줌마들이 집에 놀러오면 은근히 그림을 꺼내 들었다. 아줌마들이 칭찬을 해주는 것은 당연한 수순이었고, 아이는 더욱 자신감을 보였다. 칭찬이 아이의 학습능력을 무한하게 끌어올린 것이다.

전에 살던 동네에서는 친구 아이에게 치여 있었던 아이. 모든 기준은 한글과 숫자였지만 새로 이사를 온 곳에서는 자기가 좋아하는 무늬와 설계도를 보면서 잠재 능력을 발휘하기 시작한 것이다.

엄마가 스트레스를 받아 이사를 해야 했던 아이. 하지만 그것은 아이의 능력이 떨어져서가 아니라 아이가 잘하는 것을 찾아주지 못한 엄마의 무지였다. 나는 우연히 아이가 잘하는 것을 찾았다.

올림픽 체조에서 사상 처음으로 만점 연기를 한 코마네치는 여섯 살 때 재능을 인정받았다. 수업 중 선생님이 "옆으로 재주넘기를 잘할 수 있는 사람?"이라는 물음에 코마네치는 "네"라고 대답했다. 인

정받고 싶은 욕구가 있었기 때문이다. 다른 면에서는 두각을 나타내
지 못했던 그녀는 체조를 할 때마다 칭찬을 받았고, 훗날 위대한 업적
을 남겼다.

chapter 7

엄마는 일하는 존재다

Children have more need of models than of critics.
어린이들에게 더 필요한 것은 비판하는 사람이 아니라
모범을 보여주는 사람이다.
　　　　　　　　　　　　－Joseph Joubert 조제프 주버트

엄마의 인생

사춘기에는 생각이 많다.

사회적 동물임을 진지하게 자각하는 시기다. 나와 주위를 비교한다. 나의 위치와 이상형인 나를 그려본다. 그 차이가 정체성이다. 정체성의 차이가 클수록 걱정되고 불쾌감이 많아진다.

때론 왜 '나는 더 좋은 집에서, 더 행복한 가정에서 태어나지 못했을까?'라고 혼잣말을 한다. 부정적인 자아가 생길 수도 있다. 열등감이다. 좋은 집안의 아이, 머리 좋은 아이, 뛰어난 아이라는 정체성을 갖고 싶은데 현실은 그렇지 않다.

여기에서 콤플렉스가 생긴다. 콤플렉스는 이상형을 정체성으로 삼은 탓에 현실과의 차이가 벌어지면서 발생한다. 이상형은 현실과는 동떨어지는 게 대부분이다. 그래서 사춘기에는 긍정적인 에너지 못 지않게 부정적인 셀프 토크가 많아진다.

이때의 특징 중 하나는 부모가 좀 더 잘났으면 하는 바람이다.

엄마는 어느 학교 나왔어? 아빠는 어느 학교야? 공부 잘했다면서 왜 그 학교 나왔어? 엄마가 교사를 했으면 좋겠다. 엄마는 무엇을 잘해?

아이는 부모가 남의 부모보다 더 멋지고 근사하게 포장됐으면 하는 마음을 표현하기도 한다.

한번은 초등학교 6학년 때 큰아이가 이렇게 말했다.

"엄마, 선생님을 해라. 예림이 엄마도 선생님이잖아. 같은 학교 나왔으면 할 수 있잖아."

그때는 무심코 지나갔는데, 아이가 중학교에 진학한 뒤 또 진지하게 말한다.

"엄마도 일하는 게 좋겠어."

무슨 말이냐는 듯 아이를 바라봤다.

"아빠 혼자 벌면 힘들잖아. 엄마도 같이 벌어야지."

나는 대답했다.

"동생이 초등학교 다닐 때까지는 일 안 할 거야. 중학교에 들어가면 그때부터 일 할 거니까 걱정하지 마라."

나는 둘째가 초등학교 6학년이 됐을 때 일을 시작했다.

한 친구의 생각이 난다. 그녀도 아이 교육에 헌신적이었다.

서울 일원동에서 대치동 나아가 중계동까지 아이를 차로 태우고 다니면서 공부를 시켰다. 친구들과의 만남도 없었다. 오로지 아이에게만 매달렸다. 아이도 긍정적이어서 공부를 열심히 했다. 서울교대 영재원, 서울대 영재원에 다녔다.

그런데 어느 날 아이가 엄마에게 물었다.

"엄마는 무엇을 잘해?"

친구는,

"너를 키우느라 다 희생했다. 그래서 다른 것은 배울 시간이 없었다."

라고 대답했지만 머리가 띵하고 울리는 것을 감출 수는 없었다.

친구는 인생을 진지하게 생각했다. 40대의 나이. 아이는 중학생이 되었다. 생각해보니 남은 인생이 너무 길고, 아이도 품안에서 벗어나는 시기라 다른 돌파구가 필요했다.

그녀는 요리를 배우기 시작했다. 남편이 비교적 안정된 직장을 갖고 있었지만 길어도 10년 내에는 퇴직할 게 뻔하다. 생활에 보탬이 되고 자아를 실현할 수 있는 것은 일하는 것이라고 생각했다. 다행히 2~3년간은 남편이 있어 촉박하게 돈을 벌지 않아도 됐다. 그녀는 요리 학원을 다니면서 새로운 세상을 본다고 했다. 그녀는 아이에게 헌신하되, 내가 할 수 있는 것도 찾아야 한다고 귀띔한다. 나와 친구는 그 시기를 아이가 중학교를 졸업할 무렵으로 본다. 고등학교 때까지 뒷바라지하면 좋겠지만 그때는 스스로 헤쳐 나갈 나이다. 늦어도 고등학교를 졸업하면 내가 할 수 있는 일을 찾아야 한다. 그게 엄마의 인생인 것 같다.

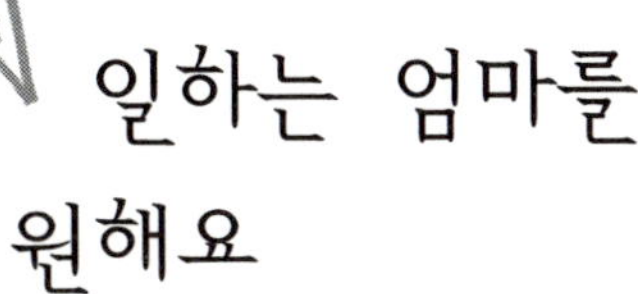

일하는 엄마를
원해요

큰아이가 중학교 2학년이 끝날 무렵, 둘째가 중학교에 입학하기 직전에 일을 시작했다.

10년 이상 전업주부로 있던 내가 할 일은 거의 없었다. 남편은 작은 학원을 차릴 것을 권유했다. 그러나 나의 성격은 사무실에서 일하는 것보다는 밖에서 활동하는 게 어울렸다. 또 투자비에 대한 부담도 컸다.

커가는 아이들을 생각할 때 남편의 월급만으로는 공부를 시키는 게 버거울 게 틀림없다. 그래서 생업에 나서기로 했는데 자칫 잘못하면 알량한 돈마저 날릴 수 있었다. 모험을 할 수 있는 나이가 아니었다. 현실적으로 열에 두셋 빼고는 다 실패하는 게 사업이다.

그래서 영업직으로 나섰다. 돈을 투자하지 않기 때문에 부담이 적었지만 영업에 대한 스트레스는 불을 보듯 뻔했다. 더욱이 초등학교를 아직 졸업하지 않은 둘째도 걱정이 되었다. 아들은 아직도 엄마의 손길이 필요했다.

그런데 같이 회사 영업 교육을 받는 아줌마들의 이야기를 들은 뒤 입을 다물어야 했다. 유치원 아이를 둔 엄마가 많았기 때문이다. 30대 초반의 어머니, 30대 중반의 어머니들은 아이가 어린 게 당연했다.

이들은 왜 나왔을까. 그만큼 돈이 필요했기 때문일 것이다. 악조건에서도 일터에 나온 엄마들이었다. 그들에 비하면 나는 얼마나 좋은 여건인가. 초등학교 6학년이면 어느 정도는 힘든 일이 있어도 헤쳐 나갈 나이라는 생각이 들었다. 내가 너무 아이에 매달렸던 것은 아니었나라는 생각도 떠올랐다.

중학교 2학년인 딸에게 물었다.

"엄마가 영업직 일을 하려고 하는데 어떻게 생각해?"

딸이 말했다.

"진즉부터 일을 했어야지. 지금 일하지 않는 엄마가 어디 있어!"

딸은 가정환경조사서의 엄마란에 '주부'라고 쓰는 게 다소 창피하다고 느낀 듯하다. 또래 친구들 사이에서 일하지 않는 엄마는 무능한 엄마라는 느낌이 있다고 했다. 그래서 딸 아이가 초등학교 6학년 때부터 "엄마, 직장에 나가면 안돼?"라고 가끔 이야기를 했던 것 같다.

그래도 여전히 아들이 걱정됐다. 미국에서 머물고 있는 아들과 화상연결을 했다.

"엄마가 직장을 구했는데……. 어떻게 생각하니?"

아들의 입이 귀에 걸렸다. 의외의 반응이었다.

"왜 그렇게 좋아하니?"

아들 왈, "돈 벌잖아."

"엄마, 일하지마"라고 예상을 했었고, 또 기대를 했었다. 그런데 아들은 엄마가 일하는 것을 원했다. 생활이 넉넉하지는 않아도 궁핍하지는 않은데……. 아들도, 딸도 돈 벌고 일하는 엄마를 그리워하는 것을 알았다.

다는 아니겠지만 요즘 어린이와 청소년은 엄마가 일을 해야 기가 사는 것 같다. 일하지 않는 엄마는 조금 없어 보인다나.

세상의 엄마들이여, 돈을 벌려면 일을 하라.

세상의 엄마들이여, 자기계발을 하려면 일을 하라.

세상의 엄마들이여, 아이에게 자긍심을 심어주려면 일을 하라.

엄마가 자기소개서를 써봐요

"지국장을 하고 있는 10년 동안 가장 멋진 자기소개서를 봤습니다."

내가 영업직으로 지원한 회사에서 면접을 볼 때 들은 칭찬이다. 입사 면접 때 몇 가지 서류를 제출해야 했다. 그중 하나가 자기소개서였다.

자기소개서는 나를 알리는 중요한 수단이다. 면접관은 이를 근거로 내가 누구인가를, 어떤 성격인가를, 일이 적성에 맞는가를 판단하게 된다. 그래서 자기소개서는 면접관을 설득시킬 수 있도록 써야 한다.

나는 영업직. 그렇다면 현재 영업을 잘하거나, 잘할 수 있을 것 같은 내용을 기술해야 한다. 나의 장점을 영업과 연결하려고 노력했다.

생각하니까 몇 가지가 있었다.

삶에서 흔하게 일어나는 이야기를 영업과 연결하려는 시도가 면접관에게 좋은 인상을 준 것 같았다.

나는 자기소개서를 쓴 뒤 딸과 몇 번을 읽었다.

글을 더 잘 쓰려는 게 첫 번째 의도였고, 딸이 글을 쓰는 요령과 논리성을 알 수 있게 함이 두 번째 목적이었다. 중학교 2학년인 딸은 어느덧 엄마와 대화를 나누는 친구가 되었다.

이런저런 이야기를 한다.

글이 좋다, 엄마 대단하다, 이 말을 좀 빼자 등등 입이 분주하다.

엄마와 딸은 논리성을 보강하고 문장을 다듬어 자기소개서를 완성했다.

자기소개서

이름: 김해영

열정이 있어요.

몇 년 전 친구와 두 차례 체중 감량 내기를 했습니다. 한 달 동안 감량을 많이 한 사람이 10만 원을 받는 게임이었습니다. 두 차례 모두 가볍게 이겼습니다.

저는 승부사 기질이 강합니다. 한 번 목표를 정하면 반드시 이뤄야 잠을 잘 수 있는 성격입니다. 제가 좋아하는 말은 '빨리', '곧바로'입니다. 반면 싫어하는 표현은 '미지근하다'입니다. 저는 눈앞의 확실한 성과를 위해 뜁니다. 적당이나 천천히는 저와 맞지 않습니다.

움직이는 성격이죠.

저는 움직여야 합니다. 사무실에 앉아 있으면 숨이 막힙니다. 적극적이고 직선적이고 활동적이기 때문입니다. 학원을 운영하거나 학원 강사를 하라는 권유를 받은 적이 있습니다.

하지만 저는 사무실에 있지 못합니다. 사람 만나는 것을 좋아합니다. 밖으로 돌아다녀야 활력이 솟습니다.

리더십이 있어요.

저는 리더십이 있습니다. 동네의 아줌마들은 어떤 일을 결정하기에 앞서 저의 의견을 묻습니다. 제가 단호한 결정을 내려주기 때문입니다. 순간의 결정 상황에서 사리에 맞는 판단과 과감한 결정을 하는 게 제 장점입니다. 절제된 행동과 과감성 그리고 맡은 바 일을 확실히 하는 책임감은 경찰이나 군인을 연상시킨다고 이야기를 듣습니다.

10년의 휴식과 도약

아이를 가지면서 10여 년 동안 전업주부로 생활했습니다. 그동안 마음이 가볍지 않았습니다. 활동을 해야 하는데 새장에 갇힌 새와 같았기 때문입니다. 아이들이 엄마의 손길을 기다리는 나이였기에 세상을 향해 날갯짓을 시도하지 못했습니다. 그래서 답답했습니다. 아이가 스스로 헤쳐 나갈 나이가 되었습니다. 이젠 엄마에서 당당한 사회인으로 비상할 수 있는 여건이 되었습니다. 도약만 남았습니다.

chapter 8

엄마는 웃음 코디네이터다

자식을 낳으면, 철들 때부터 착하게 인도해야 한다. 어려서 가르치지 않다가
이미 자란 다음에 바로잡으려 하면 매우 어려울 것이다.
교육은 빠르면 빠를수록 좋다. 교육은 착하게 인도할수록 좋다.
교육은 바르게 가르칠수록 좋다.

—율곡 이이

제발 웃어다오

나에게는 꿈이 있습니다.

나는 지금 꿈을 가지고 있습니다. 인간이 모두 형제가 되는 꿈입니다. 나는 이런 신념을 가지고 나서서 절망의 산에다 희망의 터널을 뚫겠습니다. 나는 이런 신념을 가지고 여러분과 함께 나서서 어둠의 어제를 광명의 내일로 바꾸겠습니다. 우리는 이런 신념을 가지고 새로운 날을 만들어낼 수 있습니다.

마틴 루터 킹 목사의 '나에게는 꿈이 있습니다(I have a Dream)'라는 연설의 일부다.

차별 받는 흑인, 그들의 인간다운 삶을 역설한 명연설문이다.

그러나 수십 년이 흐르고 제도가 개선되었지만 여전히 미국 내에서 차별은 존재한다. 인종, 지위 등 다양하다.

우리 사회도 마찬가지다. 다양한 차별이 존재한다. 이는 위선과 편견, 자기만이 중심이라는 어리석음에서 기인한다.

그런데 이런 차별보다 더 무서운 게 다음 세대인 청소년을 잘못 인도하는 교육의 잘못이다. 어른의 역할은 청소년에게 비전을 제시하는 것이다. 이는 과거의 답습이 아닌 정확한 미래 예측이 있어야 가능하다.

하지만 우리는 과거에 연연해 잘못 판단하고 있는 것은 아닐까.

모두 창의력이 중요하다면서도 교육은 기성세대가 받았던 형식을 그대로 강요한다. 국어, 영어, 수학을 열심히 해서 명문대에 갈 것을 강요한다. 그것이 인생의 성공 방식이라고 알게 모르게 강요한다.

이는 중요한 오류일 수 있다. 청소년의 미래에 대한 희망을 완전히 앗아가는 것일 수 있다. 어느 학자는 이를 빗대어 '기존 세대가 미래의 주역인 청소년들이 누려야 할 부(富)를 가불해서 쓰는 형국'이라는 표현도 한다. 즉 아이들에게 창의력과 상상력을 키우는 교육을 하지 않아 미래를 암울하게 한다는 것이다. 경쟁력 없는 미래의 주인을 만든다는 비판이다.

곰곰이 생각하면 고개를 끄덕이게 된다. 30대와 40대 이상의 기성세대가 자란 시대는 소수 엘리트가 리드하고 다수의 노동자가 열심히 일하는 사회였다. 마치 근대 영국의 발전처럼 대량생산을 통한 수출로 국가의 부를 축적해야 하는 게 사회적 과제였다. 이에 따라 정부는 소수 엘리트와 다수 생산직 사원을 양성하는 교육정책을 폈다. 많은 공업고등학교와 상업고등학교가 육성되는 가운데 소수의 엘리트는 출세가 보장되었다. 즉 서울대, 연세대, 고려대만 나오면 학벌로 살아가는 데 문제가 없었다. 그래서 서울대, 연세대, 고려대 등 일부 명문대에 입학시키기 위해 부모들은 허리끈을 조이고 조였던 것이다. 대량생산 사회에서는 전공도, 실력도 크게 중요하지 않았다. 오로지 명문대인가 그렇지 않은가의 구분이면 충분했다. 명문대 출신이면 다수의 생산직 사원을 거느리는 엘리트 집단에 거의 무혈 입성했다.

그런데 2000년대 들어 사회는 급속하게 변했다. 소수의 엘리트와 다수의 생산직 사원이 만들어내는 획일형 대량생산으로는 국가 경쟁력도, 개인 경쟁력도 담보할 수 없게 된 것이다.

다품종 소량생산 사회로 변한 것이다. 이는 가격이 높고, 품질이 뛰어난 명품만 통한다는 의미다. 그래서 특정 분야의 전문가가 아니면 살아남을 수 없게 되었다. 오로지 1등만 존재하는 사회가 된 것이다.

따라서 교육도 특정 전문가, 소수를 위한 특성화교육 시스템으로 바뀌어야 한다. 전문가를 키우는 시스템을 만드는 데는 창의성과 상상력이 관건이다.

이는 문제 해결을 위해 절대적인 능력이다.

그런데 우리 교육은 어떠한가. 학부모는 어떠한가. 여전히 국어, 영어, 수학만 외우고 풀라고 강요한다. 그래서 성적을 올려 명문대에 가라고 요구한다. 나도 딸과 아들을 이렇게 키우고 있다. 학원에서 주요 과목을 암기하게 한다.

하지만 가만히 돌이켜 보면 내가 학교에 다닐 때 '넷(또는 다섯) 중에 하나를 고르세요'의 형식에서 요즘은 '단답형으로 서술하세요' 정도로밖에 변하지 않았다. 오히려 더 교양 책을 읽을 시간이 없어졌다. 오로지 입시를 위한 교과목에 연관된 책만 읽어야 한다. 그래야 과거 출세를 보장해준 명문대에 들어가는 체계에서 벗어나지 못하고 있다.

지금의 청소년이 주역이 되는 사회에서는 문제 해결 능력이 명문대 졸업장보다는 더 우선시 될 게 확실하다. 지금 벌써 그러한 현상이 나타나고 있다. 명문대만 졸업했다고 기업에서 모셔가지 않는다. 확실한 능력이 있어야 한다. 확실한 능력은 다름 아닌 창의력이다. 창의력을 고양하는 방법은 다양한 독서가 최선이다.

그런데 기성세대는 아이들에게 책을 읽을 수 없게 하고 있다. 세상에는 가속과 제동 장치가 필요하다. 정말 좋은 차는 위기 상황에서 급브레이크를 밟을 수 있는 차다. 이것이 명품이다. 아이들 생각의 급제동과 급가속은 독서로 가능하다.

하지만 현실은 현실. 그러한 여건이 안 된다면 차선의 방법을 찾아야 한다.

그것은 바로 웃음이다.

한바탕 크게 웃으면 스트레스가 해소된다.

한바탕 크게 웃으면 여유가 생긴다.

한바탕 크게 웃으면 건강도 좋아진다.

한바탕 크게 웃으면 다른 방향으로도 생각하게 된다.

다른 방향, 다른 각도로 생각하는 것이 바로 창의성의 시작이다. 웃음으로써 청소년의 미래가 밝아진다고 할 수 있다. 나는 아이들이 가끔 웃을 수 있도록 유도한다.

하지만 엄마가 웃지 않으면서 웃으라고 하니 답답한 현실이다.

중간고사 기간에
TV드라마를 시청하게 한다

아이들의 중간고사 기간이다.

그런데 중학교 3학년인 딸과 중학교 1학년인 아들이 인기 드라마를 보고 싶어 한다. '선덕여왕'이라는 역사 드라마가 인기였다. 딸은 학교 친구들 사이에서 선덕여왕의 주인공인 덕만공주, 미실, 비담 등이 폭발적인 인기를 끌고 있다고 말했다.

그러나 내일이 당장 시험. 오늘 그 드라마가 방송된다. 엄마 눈치를 보는 아이들.

"TV 보고 싶으면 봐라. 보고 난 뒤에 공부해라."

는 나의 말에 아이들의 얼굴이 환하다.

눈에서 덕만공주가 어른거리는데 책을 본다고 효과가 있을까. 집중력이 떨어진 상태에서 공부를 하느니 마음 편히 TV를 보는 게 낫다고 생각했다.

이전에도 아이들은 사극을 좋아했다. 연개소문, 대조영, 대왕세종 주몽, 이순신 등. 주인공은 하나같이 추앙 받는 민족 영웅들이다. 이들은 강한 카리스마와 리더십 그리고 빼어난 설득력을 지녔다. 특히 편안함과 안락함 대신 진취적이고 적극적인 삶의 방식으로 시청자와 공감대를 형성했다. 어떤 불의와도 타협하지 않고 대의를 향해 정진하는 모습, 사나이다운 당당함이 넘친다. 아이들은 이런 드라마를 보면서 역사에 대한 관심도 얻지만 남성상을 느끼게 된다.

우리 사회에는 예전 같은 남성상이 사라지고 있다. 회사 인간이 된 대부분의 아버지는 엄한 규율이나 방향을 제시하는 모습과 일정 거리가 있다. 전통시대의 가부장적인 모습은 간데없고 부드럽고 온화한 이미지가 많다. 아이를 소황제처럼 대우하는 경향이 갈수록 뚜렷하다.

많은 가정에서는 주도권을 여성이 쥐고 있다. 남편은 하숙생 신세다. 아이의 학원 문제나 학교생활 상담도 아내의 몫이다. 가장 큰 무기인 급여도 통장으로 자동이체 되기에 남편의 큰소리는 듣기 어렵다. 요즘 아버지들은 어린 시절을 가부장 사회에서 보냈지만, 어른이 된 지금은 양성평등 사회로 변화하는 격변기에 살고 있다. 이 과정에서 예전의 가부장적인 모습도, 요즘에 맞는 새로운 리더십도 마련하지 못한, 롤 모델을 잃은 아버지들이 많다.

우리 집도 그렇다. 남편은 원래 조용한 성격인데다가, 귀가도 일찍하는 편이 아니라 아이들과 함께 있는 시간이 부족하다. 그래서인지 아이들을 꾸중하는 일은 거의 없고 따뜻하게 대하기만 한다. 아이들에게 있어 남성성을 사회화하기가 어려운 여건이다. 이런 때 아이들은 이순신, 연개소문 등을 보면서 남성성의 대리만족을 느낄 것이다. 아이들은 집이나 주위에서 보지 못했던 남성의 힘을 TV를 보면서 알게 모르게 받아들인다. 갖지 못한 것에 대한 반작용이 아이들로 하여금 사극에 대한 관심을 불러일으키게 한 것으로 생각한다.

그런데 드라마 선덕여왕의 주인공은 여성이다. 이 드라마에서 여성은 당차고 야망도 넘친다. 딸 아이와 친구들이 매료된 것은 현대 여성의 이미지를 내포하기 때문이라고 볼 수 있다. 남성상과는 반대로 여성도 할 수 있다는 것을 보여주는 드라마가 선덕여왕이다. 아이들이 선덕여왕을 보면서 잠시나마 진취적인 남성상, 여성상이 무엇인지를 느꼈으면 좋겠다.

1시간 책을 읽는 것도 좋지만 이러한 드라마를 보면서 역사의 행간과 가치관을 정립하는 게 인생의 긴 흐름에서는 중요하리라 본다. 그렇다고 중학생 아이들이 엄마의 바람을 거창하게 느낄 것이라고는 기대하지 않는다. 이런 드라마나 책을 보면서 10년, 20년이 지나면

자신도 모르게 가치관이 새겨질 것이다. 가치관을 정립하는 데 남성
상과 여성상을 비교할 수 있는 드라마가 도움이 될 수 있다. 또 엄마
가 시험 기간에 TV를 보도록 한 이유를 생각하면서 배려를 배울 수도
있을 것이다.

가족이 개그콘서트
광팬이 되었다

온 가족이 하나가 되는 시간이 있다.

일요일 밤이다. 저녁 9시가 조금 넘으면 TV에서 개그콘서트를 한다. 남편도, 아이도 이 프로를 기다리고 있다.

평소 자기 표현에 익숙하지 않은 남편과 아이는 이 시간만큼은 맘껏 웃는다. 이런 모습이 좋아 나도 어느 순간부터 개그콘서트 팬이 되었다.

아이들은 학원 숙제가 밀려 있고, 시험 기간이라도 개그 프로그램은 꼭 본다. 나도 그 시간엔 아이들에게 공부하라고 말하지 않는다.

요즘 아이들은 취미 생활이 없다. 중학생만 되면 호탕하게 웃어볼 시간도 없다. 그저 틀에 박힌 삶을 살아간다. 학교, 학원, 집. 다람쥐 쳇바퀴 생활이다. 다른 것을 생각할 시간도, 마음의 여유도 없다. 이런 아이들을 보면 안쓰럽다. 그래서 즐겨보는 프로그램이 나오면 굳이 통제하고 싶지 않다.

코미디 프로그램은 웃찾사, 개그야, 개그콘서트 등 여러 코너가 있었다. 모든 프로에서 개그맨들은 기발한 아이디어와 때로는 유치한 내용으로 시청자를 웃긴다.

사실 개그맨들은 천재성이 다분한 사람이다. 일상에서 웃음 소재를 발굴하고, 그것을 연기하기 때문이다. 개그우먼 장미화는 "개그맨들은 5시간을 훈련해서 1분을 웃긴다"고 했다. 그만큼 치열하게 사는 사람들이다.

개그맨들을 보면서 부단히 노력하는 태도와 사람에게 재미를 주는 능력을 배웠으면 하는 게 속내이다.

하지만 아무것도 느끼지 않아도 좋다. 방송 시간만이라도 흥겹게 웃으면 더할 나위가 없다는 생각이다. 웃음이 아이를 긍정적으로 만들기 때문이다. 아이가 웃으면 집안 분위기가 밝아진다. 또 웃으면 공부를 잘할 가능성도 있다.

미국 펜실베니아 대학교의 심리학자인 마틴 셀리즈맨 교수는 많이 웃어 낙천적인 학생은 그렇지 않은 학생에 비해 학업성취도가 높고, 스포츠에서도 두각을 나타내는 등 두뇌 활동이 활발하다고 했다.

웃음은 좌뇌와 우뇌에 골고루 작용하여 아이들의 두뇌 형성과 활성화에 큰 영향을 미친다는 것이다. 사실 두뇌 활성화 여부를 따지지 않더라도 웃는 모습은 보기 좋다. 이것은 연쇄반응을 일으켜 주위 사람을 기분 좋게 한다.

부모는 아이를 웃음으로 키워야 한다. 하지만 무한경쟁 사회에서 살다 보니 이런 것을 잊고 산다. 또 갈수록 각박해지는 사회이기에 선뜻 웃을 수 있는 분위기도 조성되지 않는다.

예전 인디언의 한 부족은 웃음 엄마를 두었다고 한다. 태어난 아이를 처음 웃게 한 사람을 웃음 부모로 삼는 것이다. 이 관계는 멘토와 멘티 관계가 되어 평생을 함께 한다고 한다. 응집력이 강한 전통사회 부족집단에서 가능한 일이다. 지금처럼 이해관계가 앞서는 한국 사회에서는 불가능에 가깝다. 그런 점에서 현실적으로 쉽게 웃을 수 있는 개그 프로그램이 좋은 대안이 될 수 있다.

아들아, 딸아. 개그 프로그램을 보고 일주일에 한 번이라도 깔깔깔 웃으려무나.

유머 스팟을
구사하는 아이들

"엄마, 엄마. 내가 문제를 낼 테니까 맞춰봐."

일을 마치고 집에 오자마자 아이 둘이 호들갑을 떤다. 둘이 깔깔거리며 "엄마는 3년은 지나야 맞힐 거야"라며 신이 나 있다.

나는 은근히 궁금했다. 또 전에 없이 활력이 넘치는 모습이 보기 좋았다.

"그래, 문제를 내라. 엄마는 한두 번이면 알아 맞힐 거야." 자신만만한 나에게 큰아이가 문제를 내기 전 제스처를 취하며 설명한다.

"자, 잘 보세요. 개구리가 폴짝 폴짝 폴짝 폴짝 가다가 폴~짝 뛰었습니다. 살았습니다. 개구리가 폴짝 폴짝 폴짝 폴짝 가다가 폴~짝 뛰었습니다. 죽었습니다."

한 번 설명한 뒤 곧바로 실전 테스트다.

"자, 잘 보세요. 개구리가 폴짝 폴짝 폴짝 폴짝 가다가 폴~짝 뛰었습니다. 살았을까요? 죽었을까요?"

답을 알 수 없었다. 지레짐작으로 "살았다!"를 외쳤다.

그러자 아이가 약간은 당황한 표정으로 다시 문제를 낸다.

"자, 잘 보세요. 개구리가 폴짝 폴짝 폴짝 폴짝 가다가 폴~짝 뛰었습니다. 살았을까요? 죽었을까요?"

나는 "죽었다!"고 대답했다. 어차피 알 수 없는 문제였기에 역시 추측으로 답했다. 아이의 제스처를 보고, 언어의 고저장단을 파악해도 알 수 없었다. 큰아이는 "틀렸습니다! 잘 보세요"라고 외치면서 온 몸을 비틀며 다시 설명한다.

엄마가 모르자 재미있는 듯 폴짝폴짝 뛰다 못해 까르르를 연발하며 계속 문제를 낸다. 그래도 답은 알 수 없었다.

다음에 둘째 아이가 사인 퀴즈를 낸다.

오른손으로 왼손을 터치하면서 사인1, 사인2, 사인3을 설명한다. 역시 크고 역동적인 제스처를 취한다. 둘째 아이는 사인을 말하면서 신체의 여러 곳을 터치한다. 그리고 "이번 사인은 몇 번일까요?"를 묻는다.

아이의 표정을 보면서 대답을 했으나 항상 오답이다. 두 아이는 "엄마는 역시 3년이 지나야 알 것"이라며 배꼽을 쥐고 웃는다. 나는 답은 몰랐지만 아이들과 웃는 사이에 하루의 피로가 다 풀림을 느꼈다.

웃음은 대화의 통로였다. 성격을 밝게 해주는 묘약이다.

우리 가족은 나만 제외하곤 모두 내성적이다. 남편은 조용하다. 때로는 있는지 없는지도 모를 정도다. 큰아이는 조심스럽고 소심하다. 항상 어울리는 아이들과 지낼 뿐 새로운 친구를 사귀는 데 주저한다.

작은 아이는 학교에서는 활동적이고 쾌활하고 친구도 많지만 집에서는 조용하다. 모두 남편을 닮은 듯하다. 나만 적극적인 편이다. 한 명이 분위기를 고조시키려고 해도 넷 중에 셋이 조용하기에 집은 독서실 같은 분위기다.

그런데 최근 남편이 웃음클럽에 몇 번 갔다 온 뒤 아이에게 웃음 유발 기법을 알려 주었다. 아이들은 방법을 잊지 않기 위해 엄마에게 실습을 한 것이다. 엄마가 잘 모르자 정말 재미있어 했다. 사람을 웃기고, 재미있게 할 한 두 가지 기법을 알고 있으면 모임에서 자신 있게 나설 수 있다.

조금은 내성적인 우리 아이들.

레크리에이션 기법을 알면 더 재미있게, 더 활기차게 생활할 수 있을 것이다. 그러다 보면 성격의 외향적인 면을 키울 수 있지 않을까. 남편은 한동안 칭찬으로 아이들의 기를 살려주더니 요즘엔 웃음을 던져주려고 노력한다.

참 좋은 아빠가 되어주어서 고맙다.

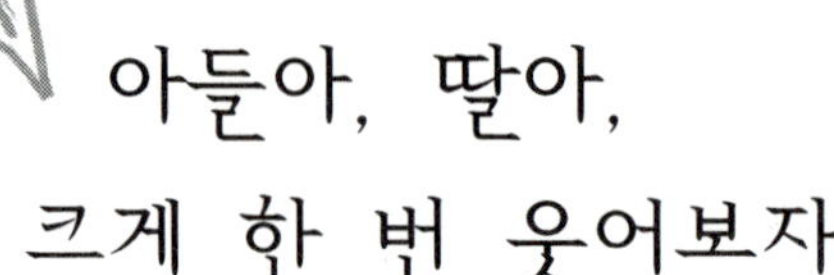

아들아, 딸아,
크게 한 번 웃어보자

유명한 학자이자 정치가인 J씨는 한국을 평등사회라고 했다.

좀 의아하지 않은가. J씨는 설명했다.

"아줌마들의 모임에 가면 한국이 확실히 평등사회임을 알 수 있습니다. 대화 내용을 살짝 들어보세요. 거의 예외 없이 '우리 아이는 몇 등?' '우리 집은 아파트 몇 평?'이 아닙니까. 모두가 몇 등과 몇 평을 말하니까 평등한 사회죠."

단순한 유머가 아니라 빈부의 격차가 심해지고 중산층이 사라지는 우리 사회를 비판하는 아픔으로 이해할 수 있다.

딸은 걱정이 많은 편이다. 40대 후반인 아빠가 언제까지 직장에 다닐까를 걱정한다.

남편은

"오너가 아니면 다 떠나는 게 직장인의 운명이다. 지금 퇴사를 하는 것도 아니니 네가 신경 쓸 필요 없어. 또 회사를 관두면 다른 일을 할 텐데 웬 걱정이니. 너무 부정적으로 생각하는 것도 좋지 않다."

고 대수롭지 않게 말을 받는다.

아이의 걱정을 들으면서 우리 사회가 너무 각박하다는 느낌을 지울 수 없다. 중학생이 된 딸과 아들은 연일 언론에서 보도되는 명퇴, 취업난, 경제난 등을 접하면서 불안감을 인식하는 듯했다. 구김살 없이 자라고 꿈을 이야기해야 하는 아이들에게 사회는 알게 모르게 불안을 주고 있는 것이다.

이럴 때일수록 엄마, 아빠의 자세가 중요하다. 열심히 일하고, 긍정적으로 생각하는 자세를 꾸준히 유지하는 것이다. 웃을 일이 없어도 웃어야 힘이 솟는다. 엄마, 아빠의 웃음에 아이도 덩달아 힘이 솟을 것이다.

어려운 이웃이 많다. 가까운 친척을 봐도 그렇다. 하는 일이 제대로 안 돼 경제적으로 버거워한다. 그래서인지 웃음이 적다. 딸도 경제적으로 힘들어하는 친척들의 모습을 보면서 삶의 어려움을 피부로 느끼는 듯했다.

이런 때일수록 웃음이 필요하다. 웃어야 희망이 샘솟기 때문이다. 엄마는 아이를 위해 아파도 웃고, 슬퍼도 웃어야 한다. 그래야 아이가 희망을 볼 수 있다.

사람은 나이 들수록 성숙한다고 한다. 인생의 이런 면, 저런 면을 모두 경험하고 용서하고 받아들이기 때문이리라. 그래서 일본인 작가 소노 아야코는 "사람은 나이를 먹는 게 아니라 포도주처럼 익어간다"고 했다.

엄마는 아이에게 지푸라기 희망이라도 있으면 웃을 수 있다. 나는 아이의 성적이 생각보다 좋지 않았을 때, 화내는 대신 웃으려고 노력했다. 웃을 때만큼은 나를, 아픔을, 분노를 잊을 수 있기 때문이다. 아이도 엄마의 웃음을 보면서 안정된 마음으로 생활한다. 이것이 궁극적으로 긍정의 결과로 이어진다.

웃음이 필요한 사람이 많은 세상!

아픈 사람일수록 웃으면서 기다려야 한다. 희망을…….

그래서 웃음은 기다림의 친구이고, 기다림 자체이다.

엄마의 삶은 기다림이다.

마음이 아파도 웃으면서,

아이를 기다린다.

그게 엄마의 인생이다.

chapter 9

엄마는 51%의 리더다

이 세상에는 여러 가지 기쁨이 있지만, 그 가운데서 가장 빛나는 기쁨은 가
정의 웃음이다. 그 다음의 기쁨은 어린이를 보는 부모들의 즐거움인데, 이
두 가지의 기쁨은 사람의 가장 성스러운 즐거움이다.

—페스탈로치

선생님으로부터
거절을 당했다

"어머니, 왜 오셨어요?"

큰아이가 초등학교 5학년 때였다. 캠프장으로 떠나는 아이를 보기 위해 학교에 갔다. 그런데 선생님이 학교에 온 나를 비롯한 학부모들에게 차갑게 말했다. 아이들이 캠프장으로 떠나는데 어머니가 왜 왔냐는 힐책이었다. 어린이들은 교내외에서 많은 활동을 한다. 어떤 활동을 하는지 보기 위해, 또는 아이가 걱정이 돼 어머니들이 학교에 오는 경우가 종종 있다. 예전엔 열성적인 어머니들만 학교를 찾았지만 요즘엔 숫자가 좀 많다. 자녀를 하나나 둘만 낳다 보니 아이에게 올인하는 어머니들이 즐비하기 때문이다.

이런 점이 선생님은 못마땅했던 것 같다. 어머니들이 지나치게 학교에 자주 오면 아이들의 자립심이 떨어지는 등 교육에 부정적인 면이 많다고 생각한 것이다. 이날은 아이들이 캠프를 떠나는 날이었다. 큰아이 반의 어머니 10여 명도 보였다. 나는 선생님을 보자 반갑게 인사를 했다.

"선생님, 안녕하세요."

그런데 이에 대한 답례가 "어머니, 왜 오셨어요?"였던 것이다.

낮은 톤에 차가운 기운이 흐르는 선생님의 반응에 할 말을 잃었다. 가까스로,

"아이가 잘 가는가 보려고 왔어요. 2박 3일간 타지에서 생활하는데 한번 나와 봐야죠."

라고 화제를 이었다.

그러나 선생님은 작심한 듯 말했다.

"아이들에게는 인성교육이 중요해요. 그런데 어머니들이 계속 학교에 나오시면 교육이 힘들죠. 앞으로 자제해 주세요."

기분이 은근히 나빠졌다. 아이에 대한 칭찬을 기대했는데 훈계만 들었기 때문이다.

"저도 인성교육이 중요하다고 생각해요. 그런데 요즘 워낙 교육열이 뜨거우니까 공부도 신경이 많이 쓰이네요."

그러나 선생님은 입장을 고수했다.

"이만하면 성적은 됐어요. 그러니까 다른 친구들과 잘 어울릴 수

있도록 어머니께서 신경을 써주세요.”

당황했지만 선생님 입장에서 생각했다. 이해도 됐다.

선생님은 잘못된 교육은 어머니로부터 비롯된다고 믿고 있을 수 있다. 올곧은 교사가 되기 위해선 어머니의 치맛바람을 잠재워야 한다는 생각이 강한 것 같았다. 그래서 인성교육을 강조했으리라.

그래서 꼭 필요한 경우가 아니면 학부모가 학교에 찾아오는 것에 대해 손을 내저었고, 강한 의지를 보여주기 위해 정색을 하고, 다소 냉정하게 말한 것으로 여겨진다.

그럼에도 불구하고 어머니의 입장을 이해하지 않고 거부를 한 점은 불쾌했다. 차갑게 “왜, 오셨어요?”라는 말은 반감을 불러일으키기에 충분했다. 같은 거절이나 거부도 먼저 상대의 입장을 듣고 자기의 주장을 하면 훨씬 부드럽게 된다.

이 경우 선생님도 “네. 알았어요. 어머니로서 아이가 잘 가는지 궁금하시겠죠. 학교에 오신 것 이해합니다. 그러나 다른 어머니는 오시지 않는데 어머니만 오시면 아이가 왕따가 될 수도 있어요. 또 아이가 의지하는 버릇이 생길 수도 있고요. 그래서 앞으로는 어머니가 학교에 오시지 않는 게 좋겠어요.”라고 논리적으로 설득했어야 했다.

그것이 아이가 잘되는 길이라는 데 반대할 어머니는 없을 것이다.

현실적으로 아이 하나에 인생을 거는 게 어머니들이다.

없는 돈을 쪼개, 빚을 내 방학 때 해외에 어학연수를 보내는 현실에서 공부는 그만하면 됐다는 게 설득력이 있을까. 어머니의 공부에 대한 열정을 단념시킬 수는 없다. 현실을 인정하고 대안을 제시했어야 했다.

나는 성격이 급한 편이다. 그러나 어쩌랴. 선생님의 발언이 마음에 들지 않아도 내 주장을 할 수 없었다. 속으로만 고개를 가로저었다. 아이의 엄마이기 때문이다. 선생님 앞에서는 자기주장을 하지 못하는 51% 이상의 엄마들. 난 그 이상도 그 이하도 아니었다.

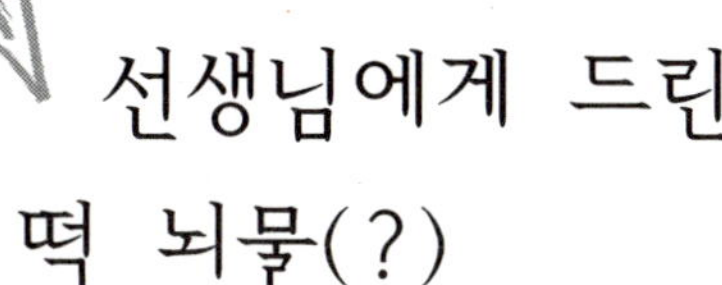

선생님에게 드린
떡 뇌물(?)

"선생님, 정말 고맙습니다. 작은 정성입니다."

아들이 초등학교 5학년 때 담임선생님에게 조그만 떡 상자를 선물하며 인사를 했다. 얼마 전 학교에서 단체로 충남 마두산 수련원에서 실시한 캠프 때 선생님의 수고에 대한 감사의 표시였다. 선생님이 아들이 다칠까 봐 캠프 기간 내내 눈을 떼지 않았다는 소식에 눈물이 날 정도로 고마움을 느꼈다.

그래서 선생님이 교무실에서 다른 교사들과 함께 이야기하며 먹을 수 있도록 예쁘장하게 떡을 포장했다. 돈 봉투 생각은 전혀 하지 않았다. 아이가 다니는 학교는 종교를 믿는 사립학교라 그래서인지 촌지가 일절 없다. 그 점이 좋아 수업료가 부담스럽고, 종교인이 아님에도 불구하고 큰아이에 이어 작은 아이도 입학시켰던 것이다.

실제로 이 부분만큼은 절대적으로 잘한 선택임을 한번도 의심한 적이 없다. 이 학교 교사들은 스승의 날 등 기념일에도 작은 정성을 거부했다. 학교에서 가정으로 보내는 통신문에도, 학교 행사 때에도 교장 선생님은 촌지가 없음을 누차 알렸다.

그래서 부담스러웠다. 사람이 고마움의 표시는 해야 하는 것 아닌가. 전화로 "고맙습니다"라고 말하는 것은 예의가 아니라고 생각했다. 떡을 포장해서 찾아간 것은 그 때문이었다.

그런데 떡을 받아든 선생님의 반응에 다소 당황했다.

당초 예상은 두 가지였다. 선생님이 떡 상자를 거부하는 게 첫 번째 시나리오였고, 두 번째는 "고맙습니다"라면서 받는 것이었다.

그런데 선생님은 예상 외로

"어머니, 기왕이면 아이 것을 준비하지 그러셨어요."

라고 한 것이다.

"네. 생각이 미치지 못했네요. 다음에는 아이들 것을 준비할게요."

라고 말했다. 그러나 선생님이,

"다음에 해오시라는 이야기가 아닙니다. 저는 아이들 생각을 한거죠."

라며 손을 내저었다.

그랬다. 선생님은 교육대를 졸업한 지 얼마 안 되는 3년차 신참 여

교사였다. 여교사의 머릿속엔 오직 학생만이 자리 잡고 있었다. 맛깔스런 떡을 준비한 어머니의 정성을 자신이나 다른 교사가 아닌 아이들에게 베풀었으면 더 좋았다는 이야기였다.

집으로 돌아오면서 곰곰이 생각했다. 다음에 아이들 간식을 준비해야 하는가? 선생님의 의도는 분명 아이들의 간식을 준비하라는 게 아니었다. 하지만 공교롭게도 표현이 "기왕이면 아이들 것을 준비하지 그러셨어요"가 아니었던가. 학부모는 교사의 말에는 절대복종하는 심리가 있다. 아이를 맡긴 약자이기 때문이다. 부장 판사도, 기업의 사장도, 아이의 선생님 앞에만 서면 작아진다. 그게 부성애이고, 모성애이다.

마음의 결정을 내렸다. 선생님의 본뜻을 따르자. 선생님은 다음에 아이들의 간식거리를 준비하라는 의도가 아니었다. 다만 "고맙습니다", "다음에 이렇게 할 필요가 없습니다", "기왕이면 아이를 위해"라는 삼중의 의미로 말한 것으로 이해했다.

내가 떡을 선물한 것은 의미가 있다. 옛 말에 금강산도 식후경(金剛山, 食後景)이라고 했다. 천하의 절경도 배불러야 제대로 즐길 수 있다는 뜻이다. 사람은 식욕이 충족되면 여유로워진다. 사물을 긍정적으로 보게 된다. 나는 의식하지 못했지만 경험적으로 먹을거리 선물이 효과적이라고 생각했다. 선생님이 아이들 것으로 생각한 것도 아마 간식이었을 것이다. 모임에 오찬, 중찬, 만찬, 조찬 등의 이름이 붙는 것은 같이 먹으면서 이야기해야 공감대가 높아지기 때문이다.

미국 퀸즈대의 래즈런 교수는 대학생 40명을 상대로 실험을 했다. A그룹의 20명에게는 음악을 들려주면서 공짜 식사를 제공했고, B그룹의 20명에게는 음악만 들려줬다. 그리고 "베트남에 군인의 증파를 해야 된다고 생각하는가?"라고 물었다. 이에 대해 식사를 한 집단은 긍정 비율이 높았던 반면, 식사를 하지 않은 학생들은 부정적 비율이 높았다. 이게 오찬의 효과다.

내가 한 떡 선물이나, 종종 선생님들이 아이에게 과자나 사탕을 사 주는 것도 만족과 긍정의 확률을 높이려는 본능이나 경험이라고 할 수 있다.

떡에 관한 여러 가지 생각을 할 정도로 나는 선생님의 말씀에 크게 연연해한다. 세상의 모든 엄마들처럼. 나 역시 선생님께 드릴 선물에 대해서는 특별한 주관 없이 세상 흐름대로 따르는 51% 이상의 엄마일 뿐이다. 보잘 것 없는 작은 선물에도 내 정성을 생각해 주고 떡 선물을 받으신 선생님이 고맙게 느껴진다.

유학자 이황은 유생이 보낸 큰 선물에 대해 손을 내저었다. 그런데 다른 유생이 보낸 작은 선물은 받았다. 이에 대해 제자가 물었다.

"스승님의 행동에는 모순이 있지 않습니까. 작은 선물이나 큰 선물이나 다 받지 않아야 유학자의 길이 아닙니까?"

이에 대해 이황은 대답했다.

“큰 것을 받으면 뇌물일 가능성이 높다. 그래서 돌려보냈다. 그러
나 작은 선물은 서로의 마음을 여는 것이다. 상대의 인격을 받아들인
다는 뜻이었다.”

초등학교 선생님은 나의 인격을 생각해서 떡 선물을 받아들인 것
이 아닐까.

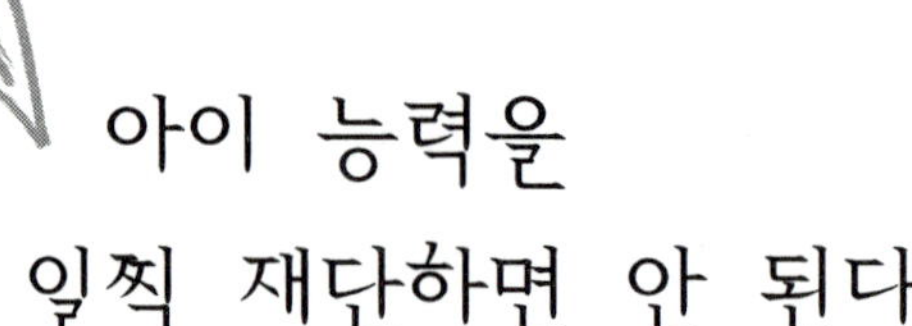

아이 능력을
일찍 재단하면 안 된다

아이는 엄마와 더 친하다.

51% 이상의 가정에서 확인되는 현실이다. 주위를 둘러보면 엄마와 아이의 교감이 아빠와 아이의 그것보다 더 큼을 알 수 있다. 유아 때부터 엄마의 피부와 접촉하고 숨소리를 듣고 자랐기 때문으로 생각된다. 그러나 유아기를 지나 소년기에서도 엄마는 아이에게서 벗어나지 못한다. 엄마는 본능적으로 아이가 기대하는 대로 변화하려고 노력하기 때문이다. 아이는 엄마가 언제까지나 든든한 방패이고, 따뜻한 마음의 고향이 돼 주기를 원한다.

그래서 엄마와 아이의 관계는 영원할 수밖에 없을 듯싶다. 이렇게 친밀한 관계에서는 엄마가 아이에게 기대하는 게 생긴다. 여기서 아이의 능력 차이가 발생하기도 한다.

하버드대학교 심리학과 교수인 로버트 로젠탈과 교육학자 레노어 제이콥슨은 샌프란시스코의 한 초등학교에서 실험을 했다.

한 반에서 무작위로 20% 학생을 뽑아 담임교사에게 "지적능력이 뛰어난 학생"이라고 말했다. 8개월 후 지능검사를 했다. 그 결과 선택된 20% 학생은 지능지수가 아주 높게 나왔고, 학교 성적도 우수했다. 명단에 오른 학생들에 대한 교사의 기대와 관심이 지적 능력을 끌어올린 것이다.

피그말리온 효과로도 설명될 수 있는 관심의 법칙은 아이를 키우는 데 적용된다. 관심과 기대의 영역은 아이를 다르게 만든다.

우연한 기회에 아들은 일찌감치 공부 재능을 확인했고, 딸은 그렇지 못했다. 나의 가슴은 부인하지만, 행동은 아들에게는 영재의 역할을 기대했고, 딸은 공부 잘하는 아이로 크기를 원했던 것 같다. 이런 과정이 초등학교 과정에서 아이들에게 영향을 미쳤음을 중학교 때 분명히 알게 됐다. 아들은 과학고의 영재들이 노는 것에 관심을 기울이는 반면, 딸은 학급 1등이 목표였다. 아들은 엄마의 말씨나 행동을 보고 자신을 영재로 믿었고, 그렇게 행동했다. 반면 딸은 아마도 단 한 번도 자신에게 영재성이 있다고 생각하지 않았을 것이다. 엄마가 그렇게 기대를 하지 않았기 때문이다. 딸은 눈높이를 학교나 학급에서 공부 잘하는 것에 스스로 맞춘 듯하다.

아마 어떤 우연한 기회에 딸이 우수한 두뇌를 확인받았으면 나는 아이를 특목고에 보내려고 노력했을 것이다. 하지만 엄마인 내가 그런 생각을 하지 않았기에 딸도 의식하지 못한 것이다.

딸이 중학교에 입학한 이후 칭찬을 통해 사기를 북돋아줬다. 그러나 이미 세상을 볼 수 있는 눈이 커졌다. 자신을 영재라고 생각지 않는다. 영재성을 키우려면 초등학교 저학년 때 특이한 것을 찾아내고, 자신감을 계속 주입시켜야 한다. 그래야 아이는 의심하지 않고 받아들인다. 그러면 주위의 관심이 집중되고, 아이도 특별한 생각을 갖고 행동하게 된다.

세상의 51% 이상의 엄마는 어렸을 때 공부를 잘한 아이에게 더 큰 공부 능력을 기대하는 발언을 한다. 상대적으로 공부에 두각을 나타내지 못한 아이에게는 현실에 맞게 기대를 한다. 하지만 초등학교 때만큼은 능력이 일찍 발현되는 아이든, 능력이 숨어 있어 찾아내지 못한 아이든 엄마의 기대와 행동은 커야 한다. 아이들의 능력, 더욱이 형제간의 두뇌 차이는 거의 없을 것이다. 다만, 관심의 차이가 능력의 차이로 이어진 것이다.

세상의 많은 엄마는 보이는 것에 익숙하다. 지레짐작으로 아이의 능력을 재단하고 그 정도만 기대한다. 여기에서 51% 이상의 아이가 능력을 구현하지 못한 채 평범하게 성장한다. 나도 딸에 대해서는 그런 엄마가 된 것 같다.

사춘기,
그래도 말해야 한다

"아빠. 내 방에서 나가줘."

"엄마도 나가주면 안 될까?"

"아, 나갈 때 문을 꼭 닫아."

중학교 1학년이 된 아들이 부쩍 혼자 있고 싶어 한다. TV도 혼자만 보고 싶어 한다. 중학생 아이들은 자기만의 비밀을 갖고 싶어 한다. 친구에게는 말할 수 있어도 부모에게는 말하지 못하는 게 생긴다. 아들의 요청은 또래에서는 당연한 일이다. 친구와 문자로 비밀을 속삭이고 부모에게 감추는 것은 결코 나쁜 일이 아닌 하나의 성장 과정이다. 사춘기 때의 일반적인 현상이기에 고개를 끄덕였다.

그런데 책을 보지 않는다. 학원이나 학교에서 숙제를 내지 않으면 공부와 담을 쌓는 느낌이 들었다. 시험 기간인데도 학교 공부를 하지 않는다. 가끔 책을 보지만 내일 시험 보는 내용이 아니다. 더욱이 TV 앞에 매달리는 시간이 점점 늘었다. 처음엔 좋아하는 개그 프로그램만 보더니, 케이블 채널을 돌려가며 EPL축구, 오락 프로그램 등을 아예 죽치고 앉아 본다. 저녁 9시가 돼도 뉴스를 보기보다는 오락 프로그램을 찾는다.

"그래, 그래. 사춘기인데……."

가끔 짜증이 났지만 그럴 수 있다고 애써 눈을 감았다.

하지만 정도가 지나쳤다. 과학고를 목표로 한다면 이렇게 느슨해서는 안 된다. 적당히 공부할 것이라면 과학고를 접어야 한다. 과학고에 꼭 갈 필요는 없다. 구태여 3년을 앞서 공부하며 스트레스를 받을 필요가 없는 것이다. 학급에서 1, 2등을 하는 만큼 학교 진도에 따라 공부하면 된다. 그러면 쉴 시간도 있고, TV도 보고, 여기저기 놀러 갈 수도 있다. 나도 경제적인 부담에서 가벼워진다. 특목고 준비를 위해 수학 학원에만 60만 원을 낸다. 여기에 영어학원비도 만만찮다. 과학고를 준비하지 않으면 아이는 수학 학원에 다니지 않아도 된다. 조금 불안하다면 20만 원 선의 학원을 다녀도 충분한 아이다.

초등학교 5학년 때부터 2년 동안 동대문에서 중계동의 수학 학원에 승용차로 태우고 다닌 것은 아이가 과학고를 목표로 했기 때문이다. 중학생이 되어도 학원 버스에 맡기지 않고 내가 직접 태우고 온다. 학원 버스를 타면 집에 오는 데 20분이 걸리지만 승용차를 타면 직선으로 오기에 5분이면 족하다. 조금이라도 빨리 와서 쉬라는 의미다. 더욱이 학원과 학교 사이 거리를 고려해 하계동으로 이사까지 오지 않았는가.

아이에게 위의 상황을 전부 이야기했다. 또 과학고를 가지 않았을 때의 대안도 말했다. 과학고를 가거나 준비하는 과정에서 잃는 것도 많음을 알려줬다.

아들에게 생활 태도의 반성을 요구한 뒤 정색을 하고 물었다. 절대 어느 방향으로의 답을 염두에 두고 묻는 것이 아님을 몇 차례 밝혔다.

"과학고에 갈 생각이 있니? 한 번 도전할 의사가 있니?"

아이는 가고 싶다고 했다.

"공부하면 될 것 같니?"라고 물었다. 아이는 고개를 끄덕였다.

"그래. 그럼 다시 해보자. 그런데 TV시청은 어떻게 할 건가?"

아이는 "오락 프로그램을 보지 않을게"라고 했다.

나는 말했다.

"아들이 다시 결심한 이상, 엄마도 동참하겠다. 그 일환으로 TV를 집에서 없애겠다. 아빠도 엄마도 집에서 텔레비전을 보지 않을게."

TV는 많은 사람의 생각처럼, 멀리 있는 것을 보는 Television의 약자가 아닌 시간을 증발시키는 Time vaporizer의 약자인 것이 현실적으로 맞다. TV를 한번 켜면 서너 시간이 훌쩍 지나가기 때문이다. 의지가 강하지 않은 사람은 원래 목적했던 프로그램의 다음에 이어지는 드라마도 볼 수밖에 없다. 나도 드라마의 유혹에 약한 대한민국의 보통 아줌마다. 세상의 51%이상 아줌마들의 DNA를 가진 내가 아이를 위해 선택할 방법은 아예 TV와 담을 쌓는 것이었다.

그날부터 TV는 켜지지 않았다.

형제는
타인의 시작이다

나는 새로 산 치약을 한가운데부터 꾹 눌러 짜서 사용한다.

남편과 아이들은 언제나 튜브 끝에서부터 꼼꼼하게 짜서 쓴다. 치약 사용으로도 성격을 알 수 있다. 나 같은 스타일은 자기주장이 강하고, 주위를 의식하지 않는 경향이 있다. 남편이나 아이들 같은 스타일은 계획적이고 생각이 깊으며 주위를 의식하는 유형에 속한다.

그래서 나와 남편, 나와 아이들은 맞지 않는 부분도 있다. 나는 참는다고 참는데도, 상대가 눈치 채지 못하고 행동하는 것에 대해 폭발하기도 한다. 인내형인 남편과 아이들은 '마른 하늘에 날벼락'이라는 표정도 짓곤 하지만, 물과 소주가 구분되지 않는 점은 분명히 마뜩치 않다.

아이들이 서로 도움을 주며 사는 게 흐뭇하면서도 '네 것, 내 것' 구분이 없는 것에는 심히 우려가 된다. 내 것임을 분명히 한 이후에 도움을 줘야 함을 인식시켜야 할 필요성을 느끼곤 했다.

하루는 아이들이 싸웠다. 몇 번 경고를 했음에도 티격태격이다. 결국 아이들에게 혼을 내기 시작했다. 그러면서 언젠가 한 번은 들려주고 싶은 주제를 꺼냈다. 아직은 어리다고 할 수 있는 중학교 3학년과 중학교 1학년 아이들에게

"남매는 가장 가깝고 의지해야 할 피붙이면서도 타인의 시작."이라고 말했다. 절대 의지하지 말 것이며, 절대 도움 받을 생각을 하지 말 것을 주문했다. 그것이 자연의 이치이고, 서로 잘사는 지름길임을 말했다. 우애는 가르칠 필요가 없다. 본능이고, 생활에서 싹트는 것이다. 본능이 살기 위해서는 독립의지가 선행되어야 한다. 그렇지 않으면 일방적인 베풂이 될 수 있다. 이 관계는 형제라도 자연스럽지 않다. 결혼하면 형제도 다른 가정을 갖기 때문이다. 결혼 전에는 일방적인 것도 가능하고, 이해할 수 있지만 결혼하면 남의 사람과 살아야 한다.

자칫 냉정하지만 형제도 남임을 가르쳐야 한다. 그게 부모의 임무 중 하나다.

아이들이 싸울 때 케네디 가문에서는 작은 아이의 편을 들지 않는다고 한다. 힘이 약하고 능력이 부족하지만 싸워서 이기라는 뜻이다.

사회라는 정글에서 살아남기 위한 훈련을 집에서부터 한 것이다. 케네디 집안이 명문가가 된 배경에는 약자에게 핸디캡을 인정하지 않은 결과이기도 하다.

사람은 약자에게 강하고, 강자에게 약한 존재다. 희생양을 필요로 하는 존재이기도 하다.

일본 사회가 재일 교포를 홀대하고, 오키나와인을 차별하고, 아이누족을 멸시하는 것은 희생양을 통해 사회 통합을 하려는 심리가 자리 잡고 있다.

아름다운 새들을 보자. 알에서 부화한 새끼는 엄마 새가 물어다 준 벌레를 먹는다. 이중에 한두 마리는 제대로 먹지 못해 약하다. 그 약한 새끼는 바로 형제들에 의해 먹을거리를 계속 빼앗긴다. 결국은 생존하지 못한다.

매우 극단적인 비유지만 가족 내에서도 비슷한 현상이 일어나기도 한다. 약한 모습을 보이면 계속 약한 사람이 된다. 나아가 핍박받는 존재가 될 수도 있다.

가해자는 잘 알지 못한다. 저 사람이 얼마나 어려울까를. 살기 위해서는 내 힘을 길러야 한다. 힘을 키우는 첫걸음은 형제에게, 가족에게 의지하지 않는 것이다. 홀로라는 생각으로 강인하게 세상과 맞서야 가정에서도, 가족관계에서도, 사회에서도 성공할 수 있다.

하지만 이렇게 교육을 시키고도 큰아이와 작은 아이가 싸울 때에는 작은 아이를 감싸는 경향이 있다. 약한 자식에게 더 정이 가는 것은 어쩔 수 없나 보다. 이렇게 말과 행동이 따로 놀 때 나는 영락없는 51% 이상의 대한민국 엄마다.

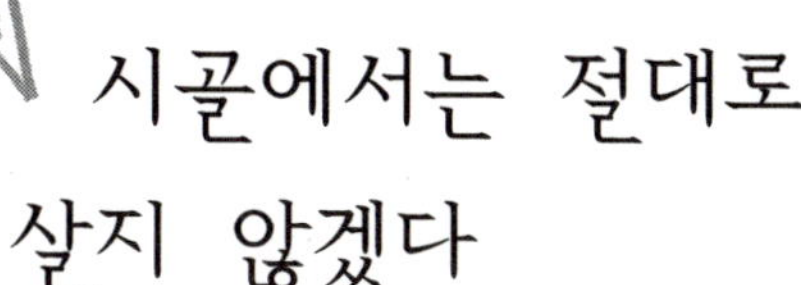

시골에서는 절대로
살지 않겠다

아이들과 산책을 한다.

운동을 함께하는 의미도 있고, 바람을 쐬는 의미도 있다. 남편은 노래에 소질이 없다. 노래방에 거의 가지 않는다.

그래서 가족이 함께 하는 방법을 산책에서 찾고 있다. 산책은 아이들이 아주 어렸을 때부터 시작했다. 아이가 유치원 다닐 무렵엔 수락산 입구의 배드민턴장이나 계곡을 즐겨 찾았다. 이 무렵엔 상계동에 살고 있었다. 이후 큰아이가 초등학교에 다닌 뒤부터는 고려대 뒤편의 개운산과 경희대 산림청이 나들이 코스였다. 작은 아이가 중학교에 입학하기 직전에 하계동으로 이사했다. 산책 코스는 서울산업대학교로 바뀌었다.

서울산업대학교는 드넓은 부지에 숲과 건물이 조화롭게 펼쳐져 있는 학교다. 사람도 많지 않아 고즈넉한 분위기다. 이곳에서 가족 4명은 곧잘 걷는다. 아들은 사춘기에 접어들면서 이런저런 이유를 대며 빠지지만 딸은 계속 함께 하며 시시콜콜한 이야기를 많이 한다. 걸으면 기분이 전환돼서일까. 집에서는 하지 않는 이야기가 많이 쏟아진다. 아이는 진학 문제며, 집안의 경제 문제까지 관심을 보인다.

산이나 학교를 산책하면 시골과 같은 넉넉함이 느껴진다. 마음의 여유가 생긴다. 그래서일까. 어느 학자에 따르면 정치, 경제, 사회, 종교 등 다양한 분야의 세계적 지도자들은 작은 마을에서 태어났다. 작은 시골 마을이 지도자를 배출하기에 안성맞춤이란다.

실제로 명사록 『Who's Who』 등에 게재된 지도자들의 이력에는 '작은 마을에서 태어나 18세에 큰 도시로 나갔다'는 표현이 심심찮다. 로널드 레이건, 지미 카터, 미하일 고르바초프 등 미국과 러시아의 전직 대통령도 시골 출신이다.

이들은 자연과 더불어 산 안정감과 작은 집단에서의 리더 트레이닝을 할 기회를 가졌다. 이를 바탕으로 도시의 좀 더 큰 집단에서 리더 역할을 수행했다. 이때 자연친화적 삶에서 배웠던 세속에 물들지 않은 솔직함은 사람들에게 다가갈 수 있는 큰 밑천이 됐다.

나는 친정과 시댁 모두 시골이다. 그래서 설, 추석을 비롯하여 가끔 시골에 내려간다. 시골에선 아이들을 냇가로 데려간다. 작은 돌과 작은 물고기를 보며 놀게 한다. 조약돌로 물수제비를 뜨게 하기도 한다. 명절 때에는 직접 송편을 빚게 한다. 추억을 만든다.

아들이 초등학교 2학년 때 쓴 일기를 보면 아주 재미있어 함을 알 수 있다.

상주에서 여산으로 갔다. 할머니가 햅쌀을 갖고 오셨다. 할머니가 뜨거운 물로 반죽하셨고, 나와 누나는 송편을 만들었다. 누나는 개뼈다귀처럼 길게 만들었다. 나는 동그란 모양, 반달 모양을 만들었다. 큰엄마가 나와 누나가 빚은 것은 서울로 가져가라고 하셨다. 송편 안에는 콩을 넣었다. 몇 개에는 깨를 넣었다. 송편을 만들다가 두 손을 비볐는데 하얀 가루가 많이 떨어졌다. 송편 빚는 것은 너무 재미있다.

그러나 아이들이 이처럼 재미있게 하는 물놀이나 송편 만들기 등도 차츰 줄게 되었다. 아이들이 중학생이 되면서 시험 등의 이유로 시골에 내려가는 횟수가 줄었기 때문이다. 여기에는 엄마의 욕심이 내재돼 있다. 시험 기간이니까 내심 집에 있기를 바란 것이다. 아이들이 시골의 불편함과 재미를 느끼기도 했다. 큰아이는 알레르기가 있다. 시골에 가면 비염이 발생해 하루만 자고 올라온다.

하지만 시골에 가면 도시 생활에 찌든 아이들의 마음이 정화 될텐데.

아이들에게 전원 생활의 아름다움과 한가로움을 느끼게 해주고 싶어 하면서도 불편함과 공부 등의 이유로 시골에 내려가는 것조차 계산해 보는 엄마의 마음. 그래서 시골 대신 산이나 학교로 산책을 가면서 아이들의 아쉬움을 달래는지도 모른다. 이런저런 핑계로 "시골에서는 못살아. 도시에서 살거야!"라고 외치는 나는 영락없는 51% 이상의 대한민국 엄마 중의 한 명이다.

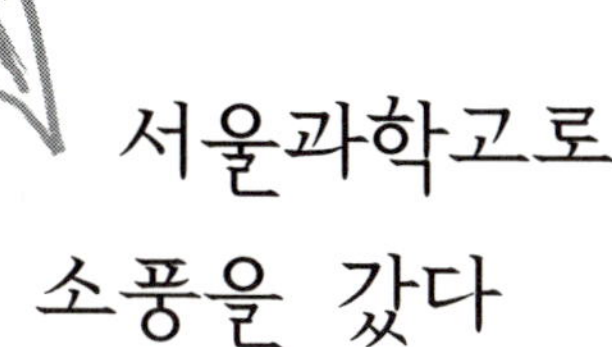

서울과학고로
소풍을 갔다

피겨 선수인 김연아는 초등학교 1학년 때 담임선생님에게 편지를 썼다. 국가대표가 되고 싶다는 내용이었다. 꿈은 사람을 크게 만든다. 꿈을 실현시키기 위해서는 노력해야 한다. 이것이 바로 성공으로 이끄는 힘이다.

아들의 꿈은 과학자다. 아들은 어렴풋이 7~8살 때 꿈을 꾸기 시작했다. 그 꿈은 서울과학고 영재원 시험으로 이어졌다. 중학교 1학년 때인 2009년 11월, 아이는 서울과학고 영재원 2차 시험을 보았다. 1차는 학교장 추천이다. 한 중학교에서 2명을 추천할 수 있다. 수학 1명, 과학 1명이다. 어쩌면 중학교에서 추천 받는 게 영재원 합격보다 더 어려울 수도 있다. 아들은 과학으로 응시했다. 2차에서 합격하면

3차 시험이 한 번 더 있다. 경쟁률은 11 대 1이었다. 그래서 합격 여부는 자신할 수 없었다. 각 학교에서 1, 2등 하는 아이가 모였고, 11 대 1의 경쟁률이어서 불합격이 더 자연스러울 것이다.

이를 생각해 나는 아이에게 소풍의 마음으로 가자고 했다. 합격하지 못해도 실망할 필요가 없음을 계속 말했다. 쉬는 토요일에 서울과학고로 바람 쐬러 가는 분위기를 조성했다. 시험이 아닌 놀러 가는 마음을 갖도록 했다. 나도 놀러 가는 표정을 지었다.

그러나 속으로 생각을 했다. 말을 잘 하지 않는 아이지만, 과학고를 꿈꾸기에 합격하고 싶은 마음이 분명히 강할 것이다. 이런저런 생각을 하는데 초등학교 4학년 때 아들이 쓴 일기 두 편이 오버랩 되었다. 하나는 '소풍'이었고, 다른 하나는 '꿈과 실천할 일'이었다.

〈꿈과 실천할 일〉

　나는 과학자가 되고 싶다. 나는 7, 8살 때부터 수학에 흥미를 가졌다. 그러나 그때에는 수학자라는 직업을 알지 못했다. 그래서 수학자의 꿈을 꾸지 못했다. 나는 9살 때부터 과학책을 읽기 시작했다. 요즘은 잘 보지 않지만 그때에는 많이 보았다. 그 무렵 수학자를 알게 되었다. 그때부터 과학자의 꿈을 키웠다. 과학자는 과학뿐만 아니라 수학도 잘해야 한다. 이탈리아 물리학자 갈릴레이는 수학을 무척 잘했고, 뉴턴도 수학 성적이 아주 좋았다고 한다. 행성운동의 법칙을 발견한 케플러도 규칙을 수학으로 알아냈다. 관찰이 수학으로 빛난 것이다. 그러므로 내가 과학자가 되려면 과학과 수학 모두 잘해야 한다. 당연히 과학책을 많이 읽어야 한다. 그리고 과학고에 가기 위해 노력할 것이다. 과학고에 가면 과학자가 되는 게 다른 학교에 가는 것보다 훨씬 쉽기 때문이다. 그리고 대학교와 대학원을 졸업한 뒤에는 교수가 되기 위해 노력할 것이다.

2006년 3월 14일

〈소풍〉

　소풍을 다녀 왔다. 소풍(消風)은 '갑갑한 마음을 풀기 위해 바람을 쐬는 일'이다. 또는 '운동이나 자연의 관찰을 겸해 먼 길을 걷는 것'이라는 뜻도 있다. 우리는 소풍을 갑갑한 마음을 풀기 위해 바람을 쐬러 간 것이었다. 나와 친구들은 롯데월드에 갔다. 놀이기구를 타러 간 것이다. 친구들은 놀러간 것으로 생각했을 것이다. 그러나 나는 그렇게 생각하지 않는다. 다리 죽이러 간 것 같다. 왜냐하면 종일 걸어 다녔기 때문이다. 한 에스컬레이터는 운행이 정지돼 있었다. 또 계단 옆에 있던 에스컬레이터에는 아줌마들만 탔다. 우리는 단체로 계단으로 걸어 갔다. 소풍이 아닌 노동이었다.

2006년 4월 16일

두 가지 일기가 불현듯 떠오른 것은 아이가 어떤 생각을 할까가 궁금했기 때문이다. 과학자가 인생의 종착점이 아닌 만큼, 즐길 수 있는 여유가 있었으면 좋겠다는 게 간절한 바람이었다. 그러나 워낙 말이 없는 아이라 속내를 잘 모르겠다. 더욱이 요즘엔 사춘기에 접어들고 있어 신경이 쓰였다. 말 한마디에 상처받을 수 있고, 말 한마디에 삶의 방향이 달라질 수도 있는 사춘기.

소풍을 강조하는 내 말에 남편이 응원하듯 아이에게 말했다.

"세상에서 가장 잘 사는 사람은 아는 것이 많은 사람도 아니요, 공부를 잘하는 사람도 아니요, 재산이 많은 사람도 아니다. 하는 일을 즐기면서 하는 사람이다. 아들아. 이번 시험을 어떻게 하면 재미있게 볼까 생각해라. 시험지를 받으면 먼저 웃고 문제를 풀어라. 그러면 시험이 즐거울 거야."

그 말을 듣고 아이가 피식 웃었다.

시험장으로 입실하는 아이를 보면서 나는 다시 마음을 모았다.

"아들아. 그저 즐겨라. 시험이 아니라 놀러온 것으로 보고 문제를 풀어라."

아들은 시험을 마쳤다. 난 아들에게 물어 보았다.

"재미있었니?"

아들은 말이 없다. 대꾸도 하지 않고 휴대전화를 꺼내 게임을 열심히 한다. 엄마의 말보다 게임이 더 재미있는 듯했다. 그렇구나. 아이에게는 이번 시험보다도 게임이 더 관심이 있을 수도 있다. 나는 아이가 한 게임을 끝낼 때까지 말을 하지 않았다. 아이가 즐기는 것을 인정해야 내 말에 모순이 없기 때문이다.

10여 분이 지난 뒤 물었다.

"시험 어땠어?"

게임을 끝낸 아들은 말했다.

"첫 시간은 잘 못 푼 것 같고, 둘째 시간은 잘 푼 것 같아."

나와 아들이 이야기하는데 남편이 가세했다.

"오늘은 정말 소풍인걸. 아들아 오늘 아빠가 아는 사람을 세 명이나 만났네. 회사 동료 한 사람, 며칠 전 지방에 출장 가서 만난 사람, 방송 해설가야. 다 아이들 때문에 여기 왔다는구나. 과학고가 소풍 장소로서는 딱인 것 같아. 아들 덕분에 오늘 소풍 참 재미있었다."

그러나 나와 남편의 말은 가식이 더 짙었다. 최소한 나는 그랬다. 결코 소풍이 아닌 합격을 간절히 원하고 있었다.

일주일 후 2차 시험 합격자 발표가 있었다.

합격이었다. 최종 합격자의 2배수에 든 것이다.

나는 아이보다 더 기뻐했다. 입가에 미소가 번졌다.

아이에게 "소풍을 간 것으로 생각하라"던 일주일 전의 말과는 달리 "이제 2대 1로 좁혀졌으니 3차 시험에는 신경을 써야 한다"고 다독거렸다. 내가 아무리 현실에서 벗어나려고 노력해도 결코 울타리를 넘을 수 없는 대한민국의 보통 엄마임을 알았다.

51% 이상의 엄마들은 아이에게 "네가 좋아하는 것을 하라"고 하지만 입에서는 "공부하라"고 채근한다. 나도 이 같은 엄마일 수밖에 없었다.

훌륭한 부모에게는
조건이 있다

"훌륭한 부모가 되기 위한 선결 조건이 무엇인지 아십니까?"

'가정'이라는 주제로 이야기하는 한 모임에서 어떤 사람이 회원들에게 질문을 했다. '인성', '재력', '사랑', '절제력', '학력' 등 여러 가지 대답이 나왔다. 질문을 한 사람은 빙그레 웃으면서 말했다. "네. 맞습니다. 다 맞습니다. 훌륭한 부모가 되기 위한 조건들입니다. 그런데 이것들보다 더 앞서는 선결 조건. 가장 중요한 조건은 바로 '자식'입니다."

그렇다. 아이가 있어야 부모가 되는 것이다. 이 말을 듣고 새삼 나를 뒤돌아봤다. 아이를 위해서 사방팔방으로 뛰는 것은 분명한데 과연 옳은 방법인가를 생각했다. 학원 보내고, 학교 보내고, 간식 챙겨

주고, 책 사주고……. 언뜻 보면 엄마로서 다하는 것 같다. 그러나 아이를 다람쥐 쳇바퀴 도는 생활에 순응시키는 것임을 부인할 수 없다.

아이가 사회 주역으로 나설 때, 이 과정이 얼마나 도움이 될까. 엄마, 아빠가 된 나의 세대는 아이들에게 모험을 시키는 것을 주저한다. 인생이 모험할 정도로 기회가 많지 않음을 살아오면서 느꼈기 때문이다. 가까운 주위만 봐도 금방 알 수 있다. 일확천금을 꿈꾸는 친척은 십수 년째 불안한 경제 생활을 하고 있다. 남편도 주식을 할 때 큰 것, 한 방을 노리다 깡통을 찬 경험이 있다. 세상에 한 방은 없다고 봐야 한다. 사회가 안정될수록 더욱 그렇다. 그러나 사람이 큰 것을 노리면 작은 것이 눈에 들어올 리 없다. 그래서 큰 야망은 큰 성공을 부를 수도 있지만 자칫 모래성에 그칠 수도 있다.

사업하는 사람은 '모' 아니면 '도'일 확률이 일반 직장인들에 비해 크다. 그래서 내 자식은 사업가도 아니요, 기업가도 아닌, 교수나 변호사나 의사를 시키고 싶다는 게 많은 엄마들의 공통점이다. 사회적으로 인정받고, 경제적으로도 어려움은 느끼지 않는 직업군이다.

이러한 엄마의 바람이 이뤄지기 위해서는 아이가 순치되어야 한다. 학원가라면 가고, 책 보라면 보고…….

그런데 이런 엄마가 행복한 엄마일까.

아마 훌륭한 부모는 아닐 것이다. 부모의 직무유기는 아이에게 자생력을 키워주지 못하는 것이다. 아이를 중·고교까지 등하교시키면서 공부에 관심이 아닌 간섭을 하게 되면 아이는 스스로 설 기회를 놓쳐버리기 십상이다.

나도 이런 점이 느껴진다. 가끔 이런 생각을 한다. 하지만 행동을 과감하게 하지 못한다. 제도에 얽매여간다. 아니 제도의 맹렬한 수호자가 되기 위해 부지런히 학원에 아이를 보낸다.

내가 갖지 못한 것을 가진 사람은 정말 크게 보인다. 이런 점에서 옆 동네의 엄마가 존경스럽다. 딸과 아들을 둔 그 엄마는 아이 교육 때문에 서울 강북의 교육 중심지인 중계동으로 이사를 왔다. 아이는 이곳의 사립고등학교에 들어갔다. 대개 사립학교는 입시 성적에 신경을 많이 쓴다. 이 학교도 대학입시에 목을 매다 보니 학생의 인권이나 자율성, 개성 보다는 획일적인 강제성 교육을 많이 하는 편이다.

그런데 아이는 두뇌가 명석하고 개성도 확실했다. 문제 제기를 했다. 담임선생님의 지도 방법이 좋지 않다고. 학교 측은 학생의 말이 상당 부분 맞지만 전체 학생을 끌고 가기 위해서는 불가피하다는 입장이었다.

그 엄마는 아이의 뜻을 존중해 자퇴를 허락했다. 아이는 대안학교로 가, 봉사활동과 해외여행을 하면서 견문의 폭을 넓히고 있다.

그 위의 딸은 고등학교 때 학생회장이었다. 역시 문제가 있으면 말하는 스타일이었다. 딸은 학교에 "학생들로부터 야간자습 폐지에 대한 의견을 청취하겠다"고 신고했다. 학교에서는 교칙 위반이라며 징

계를 했다. 아이는 다른 학교로 전학을 갔다.

그 엄마는 아이들의 의견을 존중했다. 사회나 학교에 적응시키기보다는 자신에게 맞는 학교와 사회를 만들어 가라고 격려했다. 아이들은 더 크게 세상을 보게 되었다. 우물 안의 안락함 대신 세상을 크게 보고 걸어가는 것이다.

나처럼 제도에 순응하게 교육시키는 엄마가 훌륭한 엄마일까. 그 엄마처럼 세상을 만들어 가라는 엄마가 훌륭한 엄마일까.

이에 남편이 한마디 거든다.

"우리 애들은 성격적으로 강하지 못해. 그러면 순치되는 게 잘 키우는 거야. 그 집 아이들처럼 적극적이고 개혁가 성향이 강하면 도전하며 살도록 키우는 게 현명한 부모겠지."

과연 그럴까. 나는 사회에 순응하는 아이로 키우는 엄마다. 머릿속으로는 개성을 존중하고 싶지만, 가슴은 앞 사람이 잘 닦은 길로 보내려고만 한다. 나는 사회 이웃을 보기에 앞서 내 아이만을 먼저 생각하는 51% 이상의 엄마일 수밖에 없나 보다.

엄마는 선장이고, 아빠는 조타수이고, 아이는 선원이다.

결혼과 동시에 '가정'이라는 배가 출항한다. 남과 여가 한 배에 탔다. 장밋빛 앞날과 험난한 파도를 헤치며 길고 긴 인생의 여정에 들어간다.

둘이 함께 노를 저으면서 앞으로 나아간다.

때로는 어려워 망망대해에서 빗물을 받아 식수로 사용할 때도 있고, 때로는 안락한 의자에 편안히 앉아 세상을 구경할 수도 있다.

둘이 살던 보금자리엔 아이가 태어난다. 벌써 결혼 몇 년이 흘렀다. 이제 신혼이라는 말은 쏙 들어갔다. 아이들이 자라면서 어느 순간, 긴 항해를 하는 배의 선장은 남편이 아닌 아내의 몫이 된다. 남편은 직장에서 생활비를 버는 데 버거워한다.

그래서 대부분의 아내는 아이 뒷바라지를 하면서 가사를 책임진다. 상당수는 남편과 똑같이 직장에서 일하면서 아이의 교육을 담당한다. 인생 선박의 선장이 어느덧 아내, 아니 엄마로 교체된 것이다. 아이가 유치원에 들어가면 이런 현상은 두드러진다.

선장은 경험이 풍부하다. 여느 뱃사람보다 많은 경험이 있기에 시행착오를 덜하면서 안전하게 선원과 승객을 목적지에 모신다. 가정의 배에는 선장인 엄마와 기관장인 아빠 그리고 선원인 자녀가 있다.

선장이 어느 방향을 제시하는가에 따라 그 배의 운명은 달라진다. 거친 파도를 피해 호숫가와 같은 길로 달리면 평탄한 반면에 암초가 많은 바다로 잘못 들면 인생의 항해가 버거워진다.

엄마라는 선장은 아이에게 어떻게 가는 것이 바른 길인가, 어떻게 행동해야 바람직한가를 알려준다. 엄마가 잘 인도하면 아이는 편안한 항해를 할 수 있고, 반대면 아이가 격랑에 휩싸일 수도 있다.

흔히 교육은 100년 대계라고 한다. 그런데 한 가정에서 한 어린이의 교육은 엄마의 초창기 10년에 달려 있다고 해도 과언이 아니다. 유치원 1, 2년과 초등학교 6년 그리고 중학교 3년 등 10년 동안의 교육에 따라 아이의 인생은 엄청난 차이가 날 수 있다. 이 기간에 엄마가 자기 주도적 학습 능력과 인성을 키워줬는가, 자신감을 키워줬는가에 따라 아이의 능력은 극대화되기도 하고 사장되기도 한다. 엄마는 아이의 유치원 기간을 포함한 초등학교와 중학교 시기에 제 역할을 다해야 한다. 경제력, 정보력, 체력 등 엄마와 아이의 합작으로 훌륭한 성과를 만들 시기다.

어린이는 백지와 같기에 하얀색을 칠할 수도, 검은색을 칠할 수도 있다. 나는 하얀색을 칠하기 위해 노력한 엄마 중의 한 명인가를 자문해본다.

지은이 김해영

　　중3 딸과 중1 아들을 키우는 평범한 엄마다. '10년 교육=100년 인생'이라는 교육관을 갖고 있다. 유치원부터 중학교 때까지 10년의 삶이 향후 인생을 결정한다는 철학이다. 그녀는 이 기간 동안 아이에게 자존감, 자기암시, 공부요령, 표현기법, 웃는 능력을 키워줬다. 그녀만의 교육 특징은 가정에 있다. 부모의 따뜻한 관심과 절제력, 절대신뢰 속에 아이에게 '할 수 있다'는 신념이 넘치도록 했다. 반면 자신은 체념과 이해를 통해 아이들에 대한 기대치를 낮춰왔다.

　　그 결과 아이들은 뛰어난 학습 능력과 원만한 교우관계를 보이고 있다.

　　아이에게 헌신하는 세상 51% 이상의 엄마에 속하면서도 현실에 적합한 교육법을 찾아낸 그녀는 한때 미주와 일본 전문 유학원을 운영했다. 또 포스코와 삼성전자에서 사원 교육을 담당하기도 했다. 아이를 가진 뒤에는 퇴사하고 '10년 교육=100년 인생 철학'을 직접 실천하고 있다.

　　letter3333@daum.net

아이의 인생을 바꾸는 1%의 비밀

—초등학생·중학생 자녀를 둔 엄마의 아이교육 스킬 59가지

초판 1쇄 발행일 2010년 2월 10일

지은이 김해영
펴낸이 박영희
편집 이선희·김미선
표지 강지영
교정·교열 이은혜
책임편집 강지영
펴낸곳 도서출판 어문학사
　　　　132-891 서울특별시 도봉구 쌍문동 525-13
　　　　전화: 02-998-0094 / 팩스: 02-998-2268
　　　　홈페이지: www.amhbook.com
　　　　e-mail: am@amhbook.com
　　　　등록: 2004년 4월 6일 제7-276호

인 지 는
저 자 와 의
합 의 하 에
생 략 함

ISBN 978-89-6184-113-9 03320

정가 14,000원

※ 잘못 만들어진 책은 교환해 드립니다.